आकर्षक व्यक्तित्व का राज़

कम्यूनिकेशन कला एवं बॉडी लैंग्वेज

आकर्षक व्यक्तित्व का राज़

कम्यूनिकेशन कला एवं बॉडी लैंग्वेज

डॉ. अगम दयाल

पुस्तक महल®

प्रकाशक

पुस्तक महल

प्रशासनिक कार्यालय एवं विक्रय केन्द्र
J-3/16, दरियागंज, नई दिल्ली-110002
☎ 23276539, 23272783, 23272784 • फैक्स: 011-23260518
E-mail: info@pustakmahal.com • Website: www.pustakmahal.com

शाखाएं
बंगलुरू: ☎ 080-2234025 • टेलीफैक्स: 080-22240209
E-mail: pustakmahalblr@gmail.com
मुंबई: ☎ 022-22010941, 022-22053387
E-mail: rapidex@bom5.vsnl.net.in
पटना: ☎ 0612-3294193 • टेलीफैक्स: 0612-2302719
E-mail: rapidexptn@rediffmail.com

ISBN 978-81-223-0924-9

संस्करण: 2015

मुद्रक: सन्नी ऑफसेट, दिल्ली

प्रस्तावना

आजकल की युवा पीढ़ी की सबसे बड़ी समस्या सम्प्रेषण कला की कमी है। युवा पीढ़ी अपने मनोभावों को सही रूप से व्यक्त नहीं कर पाती है, इसलिए साक्षात्कार के समय तथा जीवन के अन्य महत्त्वपूर्ण अवसरों पर पूरी सफलता नहीं प्राप्त कर पाती है। सामाजिक तथा व्यावसायिक जीवन में दैहिक भाषा की जानकारी भी सफलता प्राप्ति के लिए अत्यंत आवश्यक है। कई देशी एवं विदेशी विचारकों ने भी दैहिक भाषा के विभिन्न पहलुओं की जानकारी देने वाली पुस्तकें लिखी हैं, लेकिन सामान्य जीवन में इस दैहिक भाषा की जानकारी की क्या उपयोगिता हो सकती है? इस पर प्रकाश नहीं डाला है। प्रस्तुत पुस्तक में लेखक ने सम्प्रेषण कला और दैहिक भाषा की प्रारंभिक जानकारी देने के साथ-साथ दिन-प्रतिदिन एवं व्यावसायिक जीवन में इस जानकारी का क्या उपयोग हो सकता है? इस पहलू पर सरल बोलचाल की भाषा में प्रकाश डाला है।

अंदर के पृष्ठों में

सम्प्रेषण कला और दैहिक भाषा

अपनी भावनाओं और विचारों को दूसरों तक पहुंचाने को सम्प्रेषण (Communication) कहते हैं। जीवन में हर स्तर पर इसकी आवश्यकता पड़ती है। यह सम्प्रेषण तीन प्रकार से हो सकता है–1. मौखिक (Verbal), 2. लिखित (Written) तथा 3. मूक हाव-भाव (Non-verbal Communication)। कई बार यह मूक हाव-भाव भी मुंह से बिना कुछ कहे बहुत-सी बातें कह जाता है। मूक हाव-भाव के कई प्रकार हैं, जिनमें से एक है दैहिक भाषा। दैहिक भाषा के इस विज्ञान को Kinesics भी कहते हैं।

भावों को ग्रहण करना और आत्मसात करने का महत्त्व : आजकल स्कूलों और कॉलेजों में पढ़ने वाले बच्चों में सम्प्रेषण कला की कमी उनकी उन्नति में अकसर रुकावट बन जाती है। इसका मूलभूत कारण यह है कि पहले तो वे अपने चारों तरफ के वातावरण में होने वाली घटनाओं की अनुभूति को अच्छी तरह आत्मसात (Comprehend) ही नहीं करते हैं। इसीलिए इन अनुभूतियों और मनोभावों को वे अच्छी तरह से व्यक्त नहीं कर पाते हैं। कक्षा में शिक्षक द्वारा कही हुई बातों में से आधी से भी ज्यादा हम भूल जाते हैं, जबकि सिनेमा में देखी हुई बातें हमें सालों तक याद रहती हैं। इसका कारण सिर्फ यह है कि सिनेमा, नाटक या मनोरंजक कार्यक्रम देखते समय हमारा पूरा ध्यान (Concentration) उसी ओर रहता है। मेरी बचपन की एक दोस्त जब कोई पिक्चर देखकर आती थी तो उसके बारे में मुझे सुनाते समय उसे उस फिल्म का एक-एक दृश्य और डायलाग याद रहता था और वह सब घटनाएं बिल्कुल उसी क्रम में सुना देती थी। इसी प्रकार से जब हम ताजमहल और कुतुब मीनार देखने जाते हैं, तो देखने के बाद उसकी स्मृति लंबे समय तक हमारे मानस पटल पर अंकित रहती है। अतः ऐसी अनुभूतियों को बाद में किसी दूसरे को सम्प्रेषित करते समय हम अपनी बातों को अच्छी तरह से व्यक्त कर लेते हैं, लेकिन कक्षा में पढ़ाई गई बातों को पूरी तरह से दुहरा नहीं पाते हैं।

केवल रटना नहीं बल्कि अर्थबोध होना चाहिए : आजकल की शिक्षा पद्धति की एक बहुत बड़ी त्रासदी यह है कि हम शिक्षा में जानने या ज्ञान (Knowing) पर नहीं अपितु याद करने पर अधिक जोर दे रहे हैं। इसीलिए छोटे बच्चों के लिए शिक्षा एक खेल न होकर बोझ बन कर रह गई है। जब हम नर्सरी एवं लोअर केजी के बच्चों को पढ़ाने लगते हैं कि "गाय एक पशु है जिसके चार पैर होते हैं (Cow is a four-footed animal)." तो उसे इस वाक्य को याद कराने लगते हैं और गृह कार्य की कापी पर लिखवाने और कापी जांचने लगते हैं, जबकि हमें उसे सिर्फ गाय के सामने ले जाकर उसके चारों पैरों को दिखा देना जरूरी था। उसे इस बात को अपनी बोलचाल की भाषा में कह देना ही काफी था। बाद में यदि व्याकरण के अनुसार वाक्य बनाने में वह कुछ गलती करता तो हम उसे सुधार देते। असल में पढ़ाई का तरीका Learning by Knowing होना चाहिए, किंतु आजकल अधिकांश पढ़ाई का तरीका Knowing by Learning हो गया है, जो गलत है। किसी भी नई भाषा में मनोभावों को हम तभी अच्छी तरह से व्यक्त कर सकते हैं। जब उसे हम उस समय उसी भाषा में सोच रहे हों, यदि हम सोचते समय इंजीनियर सोच रहे हैं और तब अभियंता कहना या लिखना पड़े तो उसे हमें अपने मन में पहले इंजीनियर का अनुवाद अभियंता करना पड़ेगा और तब उसे व्यक्त करेंगे तो वह प्रवाह (Fluency) नहीं आ पाएगा।

सम्प्रेषण की तीन तकनीकें: सम्प्रेषण मुख्यतः तीन प्रकार से हो सकता है– 1. मौखिक, 2. लिखित तथा 3. अमौखिक, अशाब्दिक मूक हाव-भाव। आइए तीनों तकनीकों द्वारा प्रभावशाली सम्प्रेषण की कला पर विचार करें–

1. मौखिक सम्प्रेषण (Verbal Communication) : मौखिक सम्प्रेषण के दो पहलू हैं–(अ) अपने मनोभावों को शब्दों द्वारा व्यक्त करना, तथा (ब) सही शब्द, वाक्य और भाषा का चयन। आमतौर पर हमें शब्द, वाक्य, भाषा और व्याकरण की जानकारी प्रदान करने पर तो बहुत अधिक समय खर्च किया जाता है लेकिन इसके पहले पहलू अर्थात् मनोभावों को व्यक्त करने के लिए जरूरी शब्दों का इस्तेमाल या सम्प्रेषण कला पर कम ध्यान दिया जाता है। यकीन मानिए कि आपको भाषा के कठिन, दुरूह और मानक शब्दों का इस्तेमाल करने की कोई बाध्यता नहीं है, सिर्फ सही व्याकरण सम्मत भाषा होनी चाहिए। इसके लिए हम प्रबंधन के KISS Principle का पालन कर सकते हैं। इसका विस्तृत मतलब है Keep it short and simple. असली जरूरत सिर्फ इस बात की है कि हमारे मनोभावों को व्यक्त करने के लिए सही, सरल, संक्षिप्त और उचित शब्दों का प्रयोग करते हुए हम

अपनी बात कह डालें। यदि मन में उस समय आप रेलगाड़ी सोच रहे हैं तो उसे रेलगाड़ी ही कह दीजिए। यदि उस समय Railway train आपके दिमाग में आ रहा हो तो बातचीत में Railway train शब्द का ही प्रयोग कर लीजिए, कोई हर्ज नहीं है। गड़बड़ी तब होती है जब आप रेलगाड़ी सोच रहे हैं और उसे कहने के लिए Railway train शब्द ढूढ़ने लगते हैं या सोच तो रहे हैं Railway train में Reservation की बात और कहते समय यह सोचने लगते हैं कि Reservation की हिंदी आरक्षण ही है या कुछ और।

भारत में शिक्षा के क्षेत्र में एक और गड़बड़ी यह हो रही है कि हम शुरू में ही बच्चे के ऊपर दो भाषाओं को सीखने का बोझ डाल देते हैं। अभी उसने अपने चारों तरफ की परिस्थितियों को समझने और व्यक्त करने तथा सम्प्रेषण की तकनीक को सीखा ही नहीं और हम उसे बिल्ली और कैट एक साथ सिखाने लगते हैं। वह एक बार में बिल्ली शब्द और उस प्राणी के बीच में तादात्म्य स्थापित कर ले उसके बाद पांच-छह वर्ष का होने के बाद जितनी भी भाषाएं सिखा दें वह सीख जाएगा, लेकिन दो-ढाई वर्ष की उम्र में कैट और बिल्ली दोनों सिखाने की कोशिश की गई तो वह सम्प्रेषण नहीं सीख पाएगा। Tongue Twister के तौर पर

उसे Baba black sheep, have you any wool भले ही सिखा दीजिए, लेकिन उसे पहले wool का मतलब ऊन तो समझ लेने दीजिए। कल को सभी नौकरियों में अपने बॉस, अपने सहयोगी और अधीनस्थ से मौखिक सम्प्रेषण करना पड़ेगा और यदि पब्लिक डीलिंग वाली नौकरी हुई तो सामान्य जन से भी बातचीत करनी पड़ेगी। कई प्रबंधन वैज्ञानिकों का यह दृष्टिकोण है कि एक अधिकारी का अपने कुल समय में से लगभग सत्तर प्रतिशत समय किसी न किसी प्रकार के सम्प्रेषण में व्यय हो जाता है। अतः हमें अपने व्यवसाय की तकनीकी जानकारी और कौशल को विकसित करने के साथ-साथ कुशल सम्प्रेषण को सीखना अत्यंत आवश्यक है। बातचीत करते समय श्रोता के मूड एवं बॉडी लैंग्वेज की जानकारी रखना आवश्यक है। यदि सुनने वाले व्यक्ति का ध्यान कहीं और है और उसका मूड सुनने का

नहीं है तो आप कोई अच्छी बात अच्छी तरह से कह रहे हों तो भी उसका प्रभाव यथेष्ट नहीं होगा। इसीलिए वार्तालाप शुरू करने से पहले स्वयं दूसरे व्यक्ति की रुचि और अभिरुचि की कुछ बातें करके उसकी मनः स्थिति को अपनी मनः स्थिति के तल पर लाने के बाद ही अपनी बात कहनी चाहिए तभी मनचाहा परिणाम मिलेगा।

अप्रिय सत्य न बोलिए—प्रभावशाली मौखिक सम्प्रेषण का एक बहुत महत्त्वपूर्ण पहलू यह भी है कि अप्रिय सत्य न बोला जाए। याद रखिए मनुष्य बहुत अहंकारी और इगोइस्ट प्राणी है। आपकी कही हुई बात से उसके इगो को ठेस नहीं पहुंचनी चाहिए। अपने से छोटों एवं बच्चों का विश्लेषण करते समय भी इस बात को ध्यान में रखना आवश्यक है। दाल में नमक न पड़ा होने को हम दो प्रकार से कह सकते हैं—1. कैसी दाल बनाई है, इसमें नमक ही नहीं है और कोई स्वाद भी नहीं है, 2. दाल तो बहुत अच्छी बनी है, पूरी तरह से गल भी गई है और छुंकी हुई भी ठीक है, लेकिन शायद नमक नहीं पड़ा है। पहले वक्तव्य में दूसरा व्यक्ति अपने आपको आहत महसूस करेगा, लेकिन दूसरे वक्तव्य में वह आहत नहीं महसूस करेगा, सिर्फ मुस्कराकर 'सॉरी' कहेगा और उसे सुधारने में तत्पर हो जाएगा।

पाप से घृणा करें, पापी से नहीं—वैचारिक सम्प्रेषण की दुनिया का एक महत्त्वपूर्ण पहलू यह है कि हम सही और गलत की तराजू पर दूसरे को तौलते समय मानवीय संवेदनाओं को न भूलें। किसी व्यक्ति का कोई कथन या कार्य गलत हो सकता है, लेकिन इसके लिए उस व्यक्ति को ही गलत कह देना असहानुभूति जनक है। उसे हम यदि सौहार्दपूर्ण ढंग से इशारा कर दें कि उसका अमुक कार्य या कथन इस दृष्टिकोण के अनुकूल नहीं है तो वह अपनी गलती स्वीकार कर लेगा और सुधार के लिए तत्पर हो जाएगा, लेकिन यदि हम उसे सीधे-सीधे यह कह दें कि तुम तो हमेशा ही गलत निर्णय लेते रहते हो और तुम हो ही गलत तो इस वक्तव्य से सुधार की संभावनाएं क्षीण हो जाएंगी। याद रखें कि जिस भगवान ने आपको बनाया है उसी भगवान ने उस दूसरे इनसान को भी निर्मित किया है, इसीलिए कहा गया है कि पाप से घृणा करें, पापी से नहीं। यही दृष्टिकोण विपरीत तौर पर भी लागू होता है। यदि कोई व्यक्ति हमारी आलोचना करता है तो भी हम सीधे-सीधे आहत हो जाते हैं, कई बार दूसरे की कही आलोचना सही होते हुए भी हम उसे अपने अहम् पर चोट समझते हुए अस्वीकार कर देते हैं और उस व्यक्ति से नफरत करने लगते हैं। दुनिया में नब्बे प्रतिशत वैमनस्य सिर्फ सीधा संपर्क न होने के कारण होते हैं। बाप-बेटे, सास-बहू या बास-अधीनस्थ के बीच का Generation gap सिर्फ सम्प्रेषण की कमी के कारण होता है। यदि हम दूसरे

के मनोभावों और मूड के आधार को ध्यान में रखते हुए अपनी बात कहें और दूसरे को भी अपना पक्ष प्रस्तुत करने का अवसर दें तो शायद बहुत-सी समस्याएं हल हो जाएं। हो सकता है आप दूसरे के दृष्टिकोण से असहमत हों, लेकिन आप एक बार दूसरे को अपना दृष्टिकोण प्रस्तुत करने का मौका तो दीजिए।

2. **लिखित सम्प्रेषण (Written Communication) :** लिखित सम्प्रेषण के भी दो पहलू हैं–(1) मनोभावों को लिखित भाषा के रूप में अनुवाद करना तथा (2) सही व्याकरण सम्मत भाषा का निर्माण करना। अकसर हम पहली बात पर कम ध्यान देते हैं। मनोभावों की भाषा को लिखित भाषा के रूप में अनुवाद या प्रस्तुतिकरण ज्यादा महत्त्वपूर्ण हैं। एक बार यदि हमने अपने मनोभावों का अनुवाद भाषा के रूप में करना सीख लिया तो उसके बाद तो व्याकरण सम्मत, अलंकारिक और सही लेखन मुश्किल नहीं रह जाता है। परिवार के सदस्यों एवं प्रेमी-प्रेमिका के बीच लिखित सम्प्रेषण की चिट्ठी की शैली अलग होती है और व्यावसायिक पत्रों की एक अलग शैली होती है। व्यावसायिक क्षेत्र में प्रत्येक पत्र सु-लिखित, सु-टाइप किया हुआ और सुव्यवस्थित होना चाहिए। कंप्यूटर टाइपिंग की विधा विकसित हो जाने के बाद व्यावसायिक पत्रों की टाइपिंग की कला में भी परिवर्तन हुआ है, हाशिया का भी एक निर्धारित नियम है। पत्र के बायीं ओर प्रायः $\frac{8''}{4} \times \frac{11''}{4}$ तक का मार्जिन छोड़ा जाता है, पत्र के दायीं ओर इससे आधा मार्जिन होना चाहिए, पैराग्राफ के मामले में भी दो स्टाइल प्रचलित हैं–इंगलिश और अमेरिकन। इंगलिश स्टाइल के अनुसार 5 से 10 डिग्री तक का स्पेस नए पैरा के लिए छोड़ना चाहिए। अमेरिकन स्टाइल में प्रत्येक नया पैराग्राफ मार्जिन से ही प्रारंभ करते हैं। हां, यह आवश्यक है कि एक पैराग्राफ समाप्त होने के बाद तथा दूसरा शुरू होने के पहले डबल या ट्रिपल स्पेस देते हैं, जिससे कि दोनों पैराग्राफ अलग मालूम दें। इसके साथ ही लिफाफे में रखने के पहले पत्र को बड़ी सावधानी से मोड़ना चाहिए ताकि एकरूपता का आभास हो और कहीं भी अनावश्यक सलवटें न पड़ें। सम्प्रेषण के पांच 'c' इस प्रकार हैं–**1.** स्पष्टता (Clarity), **2.** संक्षिप्तता (Conciseness), **3.** संपूर्णता (Completeness), **4.** सही (Correctness), **5.** शिष्टाचार (Courtesy).

3. दैहिक भाषा : दैहिक भाषा भी एक प्रकार की अशाब्दिक भाषा या Non-verbal Communication है, दैहिक क्रियाकलाप का पहला पाठ तो हम सभी अपने घरों में पैदा होने के बाद धीरे-धीरे बड़े होते हुए बच्चे में देख सकते हैं जो बोलना सीखने के पहले भी सिर्फ रोने की विभिन्न स्थितियों के द्वारा भूख-प्यास, नींद, दर्द, थकान, मल-मूत्र विसर्जन, नापसंद आदि कई प्रकार के मनोभावों को मां-बाप

एवं अन्य सदस्यों को व्यक्त कर लेता है और हाथ-पैर हिलाकर एवं किलकारी मार कर खुशी जाहिर कर देता है। असल में अमौखिक सम्प्रेषण (Non-verbal Communication) के कई पहलू हैं और बॉडी लैंग्वेज तो उन कई पहलुओं में से सिर्फ एक है–(1) दो व्यक्तियों के बीच की दूरी (Proxemics) भी कई प्रकार के संदेश प्रदान करता है। (2) कही हुई बात का Tone अलग होने पर उसका मतलब अलग हो सकता है जिसे Paralanguage कहते हैं। (3) खड़े होने और चलने की Style या Deportment के भी अलग अर्थ निकलते हैं। (4) Gestures कुछ अलग तरह के संदेश देते हैं। (5) Facial Expressions और Body Languages का एक अलग विज्ञान है।

Proxemics : बातचीत और सम्प्रेषण करने वालों के बीच दूरी के प्रभाव के अध्ययन को ही Proxemics कहते हैं। (Study of Communication through the use of space is known as proxemics.)

दूरियों के भेद : विचार विनिमय कर रहे व्यक्तियों के बीच भौतिक दूरी के अलावा अन्य प्रकार की दूरियां हो सकती हैं और इन पर संस्कृति का भी बहुत प्रभाव पड़ता है। जब दो व्यक्ति विचार विनिमय करें तो उन दोनों के बीच की दूरी पर विचार करना आवश्यक है। सन् 1966 में हाल (Hall) ने लिखा कि दुनिया में विचार विनिमय के समय लोगों के बीच की दूरी को मनोवैज्ञानिकों ने चार वर्गों में बांटा है– **1.** अंतरंग क्षेत्र (Intimate Zone) **2.** व्यक्तिगत क्षेत्र (Personal Zone) **3.** सामाजिक क्षेत्र (Social Zone) तथा **4.** जनसमूह क्षेत्र (Public Zone)। आइए अब इन चारों क्षेत्रों की अलग-अलग चर्चा करें– **(1) अंतरंग क्षेत्र**–यह 18 इंच से कम की दूरी है। केवल बहुत करीबी मित्र ही इस दायरे में आते हैं। व्यापारिक संबंधी केवल हाथ मिलाते समय इस दायरे में आते हैं। **(2) व्यक्तिगत क्षेत्र**–यह दूरी 18 इंच से 4 फीट तक हो सकती है। जब हम किसी को कोई निर्देश या सुझाव दे रहे हों या दूसरे व्यक्ति के साथ बैठकर कोई कार्य कर रहे हों तो इस क्षेत्र का उपयोग किया जाता है। **(3) सामाजिक क्षेत्र**–यह दूरी 4 से 12 फीट तक हो सकती है। व्यापारिक सभाओं और संगोष्ठियों में जहां लोग एक-दूसरे से औपचारिक तथा गैर व्यक्तिगत विनिमय करें तो यह दूरी प्रयोग की जाती है। **(4) जन समूह क्षेत्र या Public Zone**–यह 12 फीट से अधिक दूरी की अवस्था है। अतः इस अवस्था में दूरी की अधिकता के कारण अपेक्षाकृत विचार विनिमय की स्थिति कम आती है।

विभिन्न संस्कृतियों का दूरी पर प्रभाव : विचार विनिमय के समय बीच में कितनी दूरी हो इस बात पर संस्कृतियों का भी प्रभाव पड़ता है। यह देखा गया है कि सामान्य तौर पर बातचीत के समय ग्रीक, लातीन अमेरिकी या अरबी जितनी दूरी बनाए रखते हैं उसकी तुलना में संयुक्त राष्ट्र अमेरिका के निवासी बातचीत के समय अपेक्षाकृत अधिक दूरी बनाए रखते हैं। जापान के निवासी विचार विनिमय के समय और अधिक दूरी बनाए रखते हैं। अतः जिन संस्कृतियों के निवासी की प्रवृत्ति अधिक दूरी बनाए रखने की होती है वे ज्यादा करीब खड़े होने पर उलझन और दुविधा महसूस करने लगते हैं।

कुर्सी, मेज की व्यवस्था का Proxemics पर प्रभाव : विचार विनिमय के समय आवश्यक दूरी बनाए रखने के लिए बहुत से व्यक्ति कुर्सी, मेज की व्यवस्था की भी मदद लेते हैं। अमेरिकी लोग प्रायः बातचीत के समय कुर्सी को आमने-सामने रखना पसंद करते हैं, लेकिन चीन के निवासी प्रायः बातचीत के समय कुर्सियों को अगल-बगल में रखने की व्यवस्था पसंद करते हैं। शायद वे इस व्यवस्था द्वारा बातचीत के समय आंखों में आंखें डालकर बात करने की स्थिति को टालना चाहते हैं। प्रायः कार्यालयों में मेज-कुर्सी की व्यवस्था द्वारा अधिकारी की उच्चता का बोध कराया जाता है। लकड़ी की बड़ी मेज तथा उसके चारों ओर हत्था तथा डेस्क सहित कुर्सियां शक्ति तथा प्रभुत्व का बोध कराती हैं। अमेरिका और जर्मनी में सबसे बड़े ओहदे के अधिकारी का ऑफिस सबसे ऊपरी मंजिल पर होता है, इसकी तुलना में फ्रांस के उच्च अधिकारी अपने ऑफिस में प्रायः अन्य अधीनस्थ सहयोगियों के बीच में बैठते हैं जिससे वे सभी पर नजर रख सकें। इसके अलावा खिड़की के सामने रखी हुई कुर्सी, मेज तथा पीछे की दीवार पर टंगी हुई पेंटिंग भी अधिकारी की प्रभुसत्ता का अहसास कराती है।

पैरालैंग्वेज : पैरालैंग्वेज भी मौखिक विचार से संबंधित है। इसके अंतर्गत वार्तालाप की रफ्तार, आवाज की तीव्रता तथा सघनता का अध्ययन किया जाता है। ये थोड़ी देर के लिए आवाज के प्रभाव में अवरोध उत्पन्न कर सकते हैं या उसका स्थान ले सकते हैं और कहे गए संदेश के मतलब को बदल सकते हैं। जैसे–**आपने** नई कार खरीदी है। आपने **नई** कार खरीदी है। आपने नई **कार** खरीदी है। आपने नई कार **खरीदी** है। इन चारों वाक्यों में टोन के अंतर से मतलब बदल जाता है। सन् 1995 में जांड्ट द्वारा लिखे गए लेख के अनुसार पैरालैंग्वेज में मौखिक वार्तालाप की गुणवत्ता के वे अवयव सम्मिलित किए जाते हैं, जैसे–आवाज की तीव्रता (जैसे आवाज धीमी है या बुलंद है), आवाज की पिच या सघनता (लड़कियों की आवाज की पिच ज्यादा होती है और इसकी तुलना में लड़कों की आवाज की पिच कम

होती है)। आवाज का एक्सेंट तथा प्रवाह, चिल्लाना, हंसना तथा ऐसी मौखिक आवाजें जैसे– अह! आह! ओह! ऊह! ओफ्फोह! इत्यादि। इस प्रकार पैरालैंग्वेज विभिन्न प्रकार की भावनाओं तथा उद्वेगों का संदेश देते हैं। प्रायः आशावादी तथा सकारात्मक मनोभावों यथा संतोष, प्रशंसा आदि की तुलना में नकारात्मक भावनाओं–घबड़ाहट, डर, गुस्सा आदि को व्यक्त करना आसान रहता है। वार्तालाप की रफ्तार में वृद्धि गुस्सा एवं अधीरता को प्रदर्शित करता है। इसके विपरीत बातचीत की रफ़्तार में कमी अभिरुचि का अभाव तथा प्रतिक्रियावादी मनोवृत्ति का प्रतीक है। इसी प्रकार से आवाज में बुलंदी भी गुस्से के कारण हो सकती है तथा आवाज में धीमापन, सहानुभूति या धमकी विहीनता को चिह्नित करता है। किसी देश के विभिन्न हिस्सों में बोली जाने वाली बोलियों के बीच भी अंतर होता है जिसे आसानी से समझा जा सकता है। प्रायः लोग एक ही भाषा की विभिन्न बोलियों को समझ लेते हैं।

विभिन्न संस्कृतियों में बोली की विविधता : बोलियों की सघनता और तीव्रता में अंतर मौखिक संदेशों को कई प्रकार से प्रभावित करते हैं। अतः इन्हें सीखकर हम विभिन्न संस्कृतियों के लोगों से आसानी से विचार विनिमय कर सकते हैं। आवाज की बुलंदी संस्कृति की विशिष्टता के साथ-साथ लैंगिक विशिष्टता से भी जुड़ी हुई है। उदाहरण के लिए अरब देशों के निवासी प्रायः बुलंद आवाज में बोलते हैं। वे शायद ऐसा महसूस करते हैं कि तेज बोलने से शक्ति एवं प्रतिबद्धता का आभास होता है, इसके विपरीत फिलीपींस देश के लोग मधुर आवाज में बोलते हैं। उनका यह विश्वास है कि मधुर आवाज में बोलना अच्छे परिवार और शिक्षा को इंगित करता है। थाई लोग भी प्रायः धीमी और मधुर आवाज में बोलते हैं और केवल जब गुस्से में होते हैं तभी तेज आवाज में बोलते हैं। इसीलिए कभी-कभी थाई या फिलीपींस देश के निवासी जब पहली बार अमेरिका के निवासियों से मिलते हैं तो उनकी आवाज से यह समझते हैं कि वे गुस्से में बोल रहे हैं। (भले ही उनका मकसद दोस्ताना हो)। पुरुषों की आवाज महिलाओं की आवाज से बुलंद होती है, किंतु उनकी आवाज में सघनता या पिच कम होता है। विभिन्न संस्कृति के लोगों के बोलने की रफ्तार भी अलग-अलग हो सकती है। यह देखा जाता है कि उत्तरी अमेरिका के निवासियों की बोलचाल की रफ्तार दक्षिण अमेरिका के निवासियों की बोलचाल की रफ्तार से ज्यादा होती है। बोलचाल की ध्वनि या Accent भी महत्त्वपूर्ण होती है।

सच यह है कि आजकल के प्रतिस्पर्धात्मक समाज में बॉडी लैंग्वेज का अध्ययन दोनों प्रकार से लाभदायक है। (1) इस जानकारी से वार्तालाप के समय हम दूसरे के मनोभावों को अच्छी तरह से समझ सकते हैं तथा (2) अपने मनोभावों को दर्शकों

के समक्ष अपनी इच्छा के अनुसार प्रस्तुत भी कर सकते हैं। शिक्षक, नेता, अभिनेता, वकील, दवा कंपनी के प्रतिनिधि और प्रशासनिक अधिकारी सभी को अपने व्यवसाय को विकसित करने में बॉडी लैंग्वेज का महत्त्वपूर्ण योगदान हो सकता है। न्यायालय में बहस करते समय वकील की मुखमुद्रा, चाल-ढाल और प्रस्तुतिकरण की सशक्त छवि उसकी जानकारियों को बल प्रदान करते हैं। वाद-विवाद प्रतियोगिता के समय विद्यार्थी एवं कक्षा में व्याख्यान देते समय शिक्षक के लिए भी इसकी जानकारी अपरिहार्य है। कक्षा में अपने विषय की जानकारी के साथ-साथ सफल शिक्षक के लिए भी बॉडी लैंग्वेज एवं अमौखिक सम्प्रेषण की विभिन्न तकनीकों की जानकारी आवश्यक है। कक्षा में पढ़ाते समय शिक्षक और छात्र के बीच परस्पर संवाद (Dialogue) सम्प्रेषण में लाभदायक होता है, लेकिन दुर्भाग्य से हमारी अधिकांश कक्षाओं में Monologue की स्थिति हावी रहती है। ब्लैक-बोर्ड टीचिंग की एक बहुत बड़ी खामी यह है कि इसमें अधिक समय तक शिक्षक की पीठ छात्रों की तरफ रहती है, लेकिन अब ओवरहेड प्रोजेक्टर के प्रयोग से इस कमी से छुटकारा मिल गया है। कुछ शिक्षा विज्ञानियों की राय यह है कि छात्रों के सामने बिल्कुल सीध में खड़े होने की जगह थोड़ा ऐंगिल बनाकर खड़ा होना प्रभावशाली होता है। यदि शिक्षक सभी छात्रों के बीच के किसी स्थान पर खड़ा हो सके तो सभी छात्र ध्यान दे सकते हैं। शिक्षक की आंखें छात्रों के एक छोटे से समूह की तरफ केंद्रित रहें, इससे बेहतर यह होगा कि शिक्षक बारी-बारी से विभिन्न समूहों की तरफ नजरें डालता रहे। यदि शिक्षक थोड़ी-थोड़ी देर के बाद अपने खड़े होने की स्थिति बदलता रहे तो इसका अच्छा प्रभाव पड़ता है। मेज के पीछे की कुर्सी पर बैठना एक प्रकार के अलगाव की अनुभूति प्रदान करता है। अतः इसे कम से कम प्रयोग किया जाना चाहिए। शिक्षण कैरियर की सबसे गंभीर चुनौती यह है कि क्लास शुरू होने के एक मिनट पहले तक सभी छात्र पढ़ाई-लिखाई के अलावा कुछ और सोच रहे होते हैं। लेकिन शिक्षक की जरूरत यह है कि उसका व्याख्यान शुरू होते ही एक-दो मिनट के अंदर ही सभी छात्र वही सोचना शुरू कर दें जो शिक्षक चाहता है। इसके लिए शिक्षक की सम्प्रेषण तकनीक रुचिकर और आकर्षक होनी जरूरी है। इसके लिए शिक्षक को सिर्फ अगली कतार के विद्यार्थियों की आंखों से आंखों का संपर्क यथेष्ट नहीं है। उसे पिछली कतारों में बैठे विद्यार्थियों की आंखों में भी झांकना होगा। इसके अलावा शिक्षक को हलका-सा गंभीर होना अच्छा है, लेकिन नीरस और खूसट भी नहीं लगना चाहिए।

असल में मानव की दैहिक भाषा के विभिन्न पहलुओं को समझने के लिए आवश्यक है कि उसके पहले हम मानव शरीर के बनावट की विशेषताओं को समझें।

गाय, बकरी, बंदर आदि चार पैरों पर चलने वाले चौपाए प्राणी थे। बंदर से कपि और मनुष्य के विकास के दौरान पिछले दोनों पैरों पर चलना शुरू हुआ और अगले दोनों हाथ अन्य जिम्मेवारियों के लिए मुक्त हो गए। इससे पहले हाथों की पांचों उंगलियां पैर की पांचों उंगलियों की भांति समानांतर थीं, लेकिन बाद में मनुष्य के हाथों में अंगूठा अन्य चारों उंगलियों के लंबवत् हो गया जिससे हाथों द्वारा विभिन्न औजारों को पकड़ना आसान हो गया। प्रारंभ में मिट्टी और पत्थर के औजारों का प्रयोग होता था, लेकिन बाद में लोहे, तांबे, पीतल, कांसे आदि के औजारों का इस्तेमाल शुरू हुआ। पहले प्राणियों की दोनों आंख दोनों बगल में स्थित थी। अतः Monocular vision पाया जाता था। बंदर, कपि और मनुष्य की दोनों आंख सामने अगल-बगल में स्थित हो गई और एक-साथ सामने की चीजों को देखने लगी। इस प्रकार Binocular Vision के साथ Three-dimensional Stereoscopic Vision संभव हो सका। इसे समझने के लिए अपनी एक आंख बंद करके सिर्फ एक ही आंख से और फिर दोनों आंखों से किसी वस्तु को देखें तो फर्क समझ में आता है। Bipedal Locomotion के साथ कूल्हे की हड्डी Basin shaped हो गई और पूरे शरीर का बोझ सम्हालने लगी और वक्षस्थल का क्षेत्र गोल की जगह चपटा हो गया। चूहे, बिल्ली, खरगोश आदि एक साथ 5-7 संतानों को जन्म देते थे, लेकिन मनुष्य में Litter Size एक हो गया अर्थात् एक बार में एक ही संतान का जन्म होने लगा। इन सब शारीरिक परिवर्तनों का असर दैहिक भाषा अर्थात बॉडी लैंग्वेज पर भी पड़ा।

सेल्समेन

पति

प्रेमी

टेलीफोन बूथ : क्या ये बड़ी मजेदार बात नहीं है कि एक व्यक्ति बूथ में टेलीफोन करते समय किस प्रकार से खड़ा होता है, इससे उसका परिचय प्राप्त कर सकते हैं। सेल्समैन फोन पर बात करते समय भी चुस्त-दुरुस्त खड़ा होता है और उसके कोट के बटन बंद होंगे। प्रायः फोन करते समय पति नामक जीव के कोट के बटन खुले होंगे, सिर सहमति में झुका रहेगा और वह शरीर का बोझ कभी बाएं और कभी दाएं पैर पर डालता रहता है। प्रायः प्रेमी बूथ में फोन करते समय अपना चेहरा छिपाए रखते हैं।

मुस्कराना : वैसे तो वैज्ञानिकों ने कुल नौ प्रकार की मुस्कराहटों का वर्णन किया है, किंतु उनमें से तीन मुख्य हैं–**1. साधारण हंसी** (Simple Smile)—इस प्रकार की मुस्कराहट आदमी सिर्फ अपनी खुशी के लिए अपने आप करता है। इसमें दूसरों के लिए कोई संदेश नहीं होता। **2. ऊपरी हंसी** (Upper Smile)—इसे How-do-you-do smile भी कहते हैं। इसमें दांतों की ऊपरी कतार दिखाई दे जाती है और प्रायः मिलने वाले व्यक्तियों के बीच Eye-to-eye contact भी होता है। **3. चौड़ी हंसी** (Broad Smile)—यह खिलखिलाकर हंसते समय होता है। इसमें प्रायः दांतों की दोनों कतारें दिख जाती हैं, किंतु Eye-to-eye contact प्रायः नहीं होता।

साधारण हंसी

ऊपरी हंसी

चौड़ी हंसी

हाथ मिलाना : हाथ मिलाने की परंपरा की शुरुआत शायद उस समय हुई थी, जब मानव गुफा में रहता था, उस समय लोग एक-दूसरे से मिलते समय अपने दोनों हाथ ऊपर उठाकर हिलाते थे। इस ऐक्शन में यह संदेश छिपा रहता था कि हमारे हाथों में कोई छुपा हुआ अस्त्र नहीं है और हम दुश्मन नहीं दोस्त हैं। कालांतर में हजारों वर्षों के दौरान यह हाथ मिलाने की परंपरा में परिवर्तित हो गया। प्रायः हाथ मिलाते समय हाथ को पांच या सात बार ऊपर-नीचे किया जाता है। हाथ मिलाते समय हथेली नीचे की तरफ मुड़ी अवस्था Dominance, ऊपर मुड़ी स्थिति में Submissiveness तथा Vertical Position Equality की भावना

प्रदर्शित करता है। हाथ मिलाते समय प्रायः लोग दाहिना पैर पहले आगे बढ़ाते है, किंतु बाएं पैर को पहले और उसके बाद दाएं पैर को आगे बढ़ाने में अपने आप ही हमारे हाथ, हाथ मिलाने की Dominating Position में आ जाते हैं। विदेशों में प्रायः लोग हाथों में दस्ताने पहनते हैं, लेकिन भारत में दस्ताने पहनने का प्रचलन अभी कम है। इसलिए हाथ मिलाने की परंपरा में कई बार कई प्रकार के संक्रमण होने का डर रहता है। अतः यह परंपरा unhygienic है। इस पर भी ध्यान देना आवश्यक है।

व्यक्तित्व का खुलापन और रहस्यात्मकता : प्रायः हाथ की हथेली का ऊपर की ओर प्रदर्शन व्यक्तित्व का खुलापन प्रदर्शित करता है। इसके विपरीत हाथों को कोट या पैंट की जेब में रखना संकोच और असहमति प्रदर्शित करता है। इसी प्रकार से कोट का बटन खुला होना व्यक्तित्व का खुलापन तथा कोट का बटन बातचीत के समय बंद रहना औपचारिकता का लक्षण है।

टांगें मोड़कर बैठना : टांगें मोड़कर बैठना Negative या Defensive Attitude की भावना प्रदर्शित करता है। मनोवैज्ञानिकों का विचार यह है कि मूलरूप से सीने पर बांहों को मोड़ना Heart की सुरक्षा की भावना थी तथा पैरों को सिकौड़ने के पीछे Genital areas को ढकने की भावना सन्निहित थी। पैरों को सिकोड़ने के दो मुख्य अंदाज हैं–**1.** European style or standard leg cross position तथा **2.** American leg lock position।

1. यूरोपियन स्टाइल : इस स्टाइल में एक पैर (प्रायः दायां) बड़ी सफाई से बाएं पैर पर रख लिया जाता है। प्रायः यह पद्धति यूरोप, इंग्लैंड, ऑस्ट्रेलिया तथा न्यूजीलैंड की संस्कृति में प्रयोग किया जाता है। यह मुद्रा Nervous, Reserved या Defensive Attitude प्रदर्शित करता है। बहुत से देशों में महिलाएं जब अपने पति या Boy friend से नाराज हों तो ये Pose प्रदर्शित करती हैं। इसीलिए यदि एक Buyer ने यह Pose बना लिया हो तो Salesperson के लिए आगे बात करना मूर्खतापूर्ण एवं निरर्थक हो सकता है।

यूरोपियन स्टाइल

2. अमेरिकन स्टाइल : इस स्टाइल में बायां पैर दाहिने पर रखा जाता है। यह स्टाइल प्रदर्शित करता है कि एक Argumentative या Competitive Attitude की स्थिति हो सकती है।

Leg clamp की स्थिति : यदि एक व्यक्ति अपने तर्क या वाद-विवाद में दृढ़ निश्चय रखता हो तो वह अपने पैरों को मोड़ने के बाद दोनों हाथों से Clamp की स्थिति प्रदर्शित करता है। इस स्थिति वाले व्यक्ति की भावनाओं को प्रभावित कर सकने के लिए विशेष ध्यान देने की आवश्यकता पड़ती है।

अमेरिकन स्टाइल

Arm barrier : सीने पर Arms cross करना भी एक Defensive attitude है। मजेदार बात यह है कि आगे की ओर सीने के पास हाथों को cross करना Defensive attitude है, किंतु पीछे की ओर पीठ पर या पीठ के नीचे Cross करना Relaxed, Confident या कभी-कभी Authoritative भावना को भी प्रदर्शित करता है। यदि कभी आप अत्यधिक मानसिक चिंता से गुजर रहे हों तो उस समय पीछे की ओर हाथ को cross करके रखने से कुछ ही देर में आप relax महसूस करने लगते हैं।

हाथों की Clenched Position : अधिकांश मामलों में हाथों की जकड़ी हुई स्थिति यदि पेट के ऊपर हो तो यह Confidence या Authoritative स्थिति प्रदर्शित करता है, लेकिन कभी-कभी अपनी हार एवं निराशा का वर्णन करते समय भी यह pose लिया जा सकता है। हाथों की जकड़ी स्थिति यदि Lower position में हो तो Subordination acceptance की भावना प्रदर्शित करता है। इसलिए प्रायः जब कोई व्यक्ति अपनी बात कह रहा हो तो उस समय हाथों की Position raised रहती है, लेकिन दूसरे की बात सुनते समय हाथों की स्थिति नीचे की तरफ होती है।

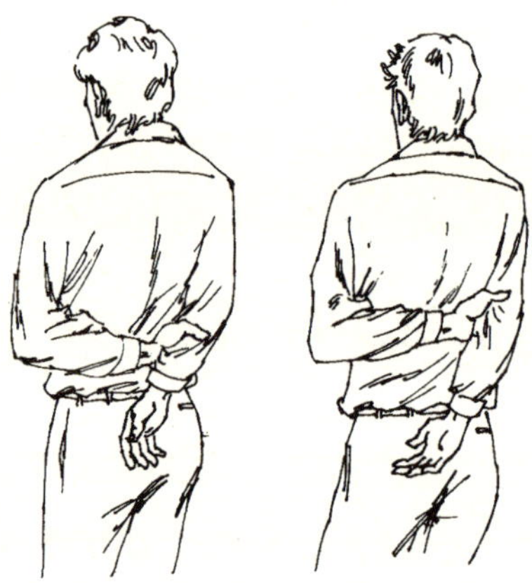

प्रणय निवेदन : प्रायः जंतु जगत में जब भी किसी प्राणी के निवास क्षेत्र के करीब कोई दूसरा सदस्य पहुंचता है तो उसकी पहली प्रतिक्रिया उससे लड़ने एवं उसे

दूर भगाने की होती है (भले ही वह दूसरा सदस्य Opposite sex का हो तो भी)। इस Conflict की स्थिति को कम करने के लिए नर कई प्रकार की प्रणय निवेदन की चेष्टाएं करते हैं। नर मेढकों की जमात में जो नर सबसे अधिक देर तक टर्र-टर्र करता रहता है, वही अंत में मादा मेढक द्वारा रतिक्रिया के लिए स्वीकार किया जाता है। मधुमक्खी में भी सैकड़ों नर एक रानी के पीछे आसमान में उड़ान भरते हैं और जो बिना थके सबसे अधिक देर तक उड़ता रहता है, वही रानी मधुमक्खी द्वारा स्वीकार किया जाता है। प्रायः अधिकांश जंतुओं की मादाएं नर द्वारा की जाने वाली चेष्टाओं के द्वारा यह संतुष्टि प्राप्त करने की कोशिश करती हैं कि वह बलिष्ठ होने पर मेरे तथा मेरे अंडों, बच्चों की अच्छी तरह से देखभाल कर सकेगा। जाने-अनजाने ही हम रोज ही कई बार ये हरकतें करते रहते हैं। समुद्र के किनारे या कहीं और किसी सार्वजनिक स्थान पर जब एक पुरुष और महिला एक-दूसरे की तरफ बढ़ते हैं तो करीब आने पर अपने आप ही उनकी चाल बदल जाती है। पुरुष अपनी टाई की नाट ठीक करने लगते हैं और महिलाएं चेहरे को एक हलका-सा झटका देकर अपनी बालों की लट को पीछे करने की कोशिश करती हैं। कई बार शरीर के किसी एक हिस्से की मुद्रा से मनुष्य की पूरी भावना का अंदाज नहीं लगाया जा सकता है। हमें सभी अंगों की भावना को सम्मिलित रूप से समझना आवश्यक है। आइए अब एक-एक अंगों की भाषा को समझें।

1

सुनना

आवाज संबंधी उपकरण चाहे कितने भी अच्छे हों, बोलने वाला कितना भी महान हो और कितनी महत्त्वपूर्ण बात कह रहा हो, सम्प्रेषण का चक्र तब तक अधूरा है जब तक कोई सुनने वाला उपस्थित न हो। सम्प्रेषण की प्रक्रिया में बोलने वाला और सुनने वाला दोनों ही महत्त्वपूर्ण हैं। बोलना और सुनना दोनों ही आवश्यक हैं। यदि बोलने वाले की कही हुई बात या संदेश सुनने वाले तक नहीं पहुंच पाता है तो सम्प्रेषण का उद्देश्य ही पूरा नहीं हो पाता। इसीलिए बोलने वाला जो संदेश देना चाह रहा है उसे समझने के लिए जरूरी है कि सुनने वाला चौकन्ना हो और बोलने वाले की बात पर ध्यान दे। अतः सुनने वाले की शारीरिक और मनोवैज्ञानिक स्थिति सम्प्रेषण की प्रक्रिया को काफी हद तक प्रभावित करती है। इस प्रकार से किसी भी व्यक्ति के लिए कहीं भी, किसी समय जब वह दूसरों से सम्प्रेषण करना चाह रहा हो सुनना महत्त्वपूर्ण हो जाता है। यह सुनना आपके Employee या Employer की कही हुई बात, ग्राहक, मित्र या आलोचक किसी की बात के लिए हो सकता है। किसी भी कोने सें आने वाले किसी भी विचार को सुनने की प्रक्रिया इतनी महत्त्वपूर्ण होने के बावजूद भी आश्चर्य की बात यह है कि जिन्दगी में बहुत थोड़े से व्यक्ति दूसरों की बातों को ध्यान से सुनते हैं और सुनने की प्रक्रिया को महत्त्व देते हैं। जिन्दगी में सफल होने के लिए जरूरी है कि आवश्यकता पड़ने पर आप अपना ट्रांसमीटर ऑफ कर दें और अपना रिसीवर स्विच आन करके दूसरे की कही हुई बात को भी ध्यान से सुनें। कोई भी व्यक्ति हर बात नहीं जानता है। सीखने का सबसे अच्छा तरीका दूसरों को सुनना है। कभी-कभी छोटे बच्चों को डांटते समय हम यह कह देते हैं–'चुप बैठो और सुनो', इस वक्तव्य से ऐसा लगता है जैसे सुनना एक निष्क्रिय क्रिया है। सच यह है कि सुनना एक सक्रिय क्रिया है जिसमें आपको कहने वाले की बात से जुड़ना और प्रभावशाली ढंग से सुनने वाला बनना आवश्यक है।

एक खास बात यह है कि हिंदी में एक ही शब्द सुनना के लिए अंग्रेजी भाषा में दो शब्द हैं–Hearing तथा Listening। लेकिन इन दोनों शब्दों के भाव अलग-अलग हैं। कैजुअल ढंग से किसी दूसरे की कही हुई बात को एक कान से सुनकर दूसरे कान से निकाल देना Hearing है, लेकिन दूसरे की कही हुई बात को ध्यान से सुनकर ग्रहण करना Listening है। अकसर दूसरों की बात को सुनते समय हमारे मन में भी साथ-साथ विचार चलता रहता है कि दूसरे की बात का हमें यह जवाब देना है। इस प्रकार का सुनना Listening नहीं है। Active listening का मतलब होता है वार्तालाप में सक्रिय भागीदारी। अतः सक्रिय सुनना (Listening) में यह अपेक्षा की जाती है कि पूरा मन लगाकर ध्यान से बात सुनी जाय और फिर उसके बाद त्वरित, संक्षिप्त तथा सुविचारित प्रतिक्रिया व्यक्त की जाए। लेकिन सक्रिय ढंग से सुनने का यह मतलब नहीं है कि दूसरे के वार्तालाप के बीच में ही प्रतिक्रिया व्यक्त कर दी जाए। दूसरे की बात कहने के दौरान बीच में ही रुकावट डालने की जगह कई और तरीकों से आप प्रतिक्रियाएं व्यक्त कर सकते हैं। इन प्रतिक्रियाओं द्वारा आप जवाब दे सकते हैं कि आप ध्यान से सुन रहे हैं। यह जवाबी प्रतिक्रिया अकेले आप पर निर्भर है। यह भिन्न-भिन्न व्यक्तियों के साथ अलग-अलग किस्म का हो सकता है। किसी अवसर पर आप हलका-सा सिर हिला सकते हैं या मुस्करा सकते हैं या आंखों-आंखों में ही सहमति का इशारा कर सकते हैं या अपनी मुद्रा (Posture) में परिवर्तन कर सकते हैं। जब दूसरा आदमी अपनी बात पूरी कर ले उसके बाद आगे बढ़ें और उसकी कही हुई बात से संबंधित प्रश्न करें :

एक प्रसिद्ध मनोवैज्ञानिक का यह मानना है कि कोई आदमी ध्यान से बात सुन रहा है या नहीं इसको ज्ञात करने के लिए तीन प्रश्नों का एक टेस्ट किया जा सकता है :

(1) क्या आप प्रश्न पूछते हैं और जवाब के लिए कुछ क्षण तक इंतजार करते हैं?
(2) आपसे पूछे गए प्रश्न का क्या आप सीधे और तुरंत जवाब देते हैं?
(3) क्या दूसरा व्यक्ति यह महसूस करता है कि आप उसकी बात ध्यान से सुन रहे हैं?

हर आदमी की यह कमजोरी होती है कि वह चाहता है कि उसे सुना जाए। इसीलिए यदि आप वापसी में बेहतर प्रतिक्रिया की अपेक्षा करते हैं तो इसकी शुरुआत आपको दूसरे की बात को ध्यान से सुनने के द्वारा की जानी चाहिए। एक प्रकार से इसके द्वारा आप दूसरे को यह संदेश देते हैं कि "आप जो सोचते, करते और

विश्वास करते हैं वह मेरे लिए महत्त्वपूर्ण है।" किसी अवसर पर प्रसिद्ध लेखक और विचारक डेल कार्नेगी ने कहा था, "जिन्दगी की सबसे सरल सच्चाई यह है कि हर व्यक्ति को अपनी कही हुई बात दूसरों के द्वारा सुनी जानी प्यारी लगती है। व्यापार जगत की यह एक सच्चाई है। आपके घर के अंदर भी यह बात सच है। जिन्दगी में हर उस व्यक्ति से जिससे हमारा सामना होता है यह बात लागू होती है। दूसरों को प्रभावित करने का रहस्य इस बात में उतना ज्यादा नहीं है कि आप कितने अच्छे बात करने वाले हैं, किंतु इस रहस्य में है कि आप कितने अच्छे सुनने वाले हैं। जिन्दगी में दूसरों की कही हुई बातों को ध्यान से सुनने वाला सबसे अधिक Persuasive होता है।

सुनने के विभिन्न चरण (Stages of Listening) : इस प्रकार से सक्रिय सुनना (Listening) एक जटिल प्रक्रिया है और इसके अंतर्गत कई चरण होते हैं। जिस क्षण भी किसी दूसरे व्यक्ति के मुंह से कुछ बात बोली जाती है, सुनने वाले के अंदर निम्नलिखित प्रतिक्रियाएं हो सकती हैं :

उदासीन ढंग से सुनना (Hearing) : Hearing और Listening में अंतर है। Hearing listening नहीं है। जब कोई अन्य कुछ कह रहा हो और आप सिर्फ सुन रहे हैं तो यह Hearing है।

Attending : जब एक व्यक्ति दूसरे की बात को पूरे ध्यान से सुन रहा हो तो इसे Attending कहते हैं।

समझ कर सुनना (Understanding) : जब किसी व्यक्ति द्वारा कहे गए संदेश को सुनने वाले के द्वारा समझ कर ग्रहण कर लिया जाता है तो इसे Understanding कहते हैं।

Remembering : जब सुनने वाले व्यक्ति की स्मृति (Memory) में कहने वाले की बात Store कर ली जाती है और उसे वह याद कर लेता है।

Evaluating : इस क्रिया में सुनने वाला अपने दिमाग का इस्तेमाल करता है और वह दूसरे के द्वारा कही गई बात का विश्लेषण करने की कोशिश करता है। इस क्रिया को विश्लेषण (Evaluation) कहते हैं।

प्रतिक्रिया (Responding) : बोलने वाले के संदेश को समझ लेने के बाद जब सुनने वाला कुछ सवाल पूछता है या कोई वक्तव्य देता है तो इसे प्रतिक्रिया (Responding) कहा जाता है। Response इसलिए जरूरी है, क्योंकि यह इस

बात को स्पष्ट कर देता है कि सुनने वाला कहने वाले की बात को समझ सका है।

सुनने की अवस्थाएं (Levels of Listening) : सुनने की तीन अवस्थाएं हैं–

पहली अवस्था : इस अवस्था में दूसरे की बात को सुनकर समझा जाता है, लेकिन सुनने वाला सुनी हुई बात के संबंध में अपना कोई निर्णय नहीं जोड़ता है।

दूसरी अवस्था : इस अवस्था में बोलने वाले दूसरे व्यक्ति की बात पर सिर्फ कान दिया जाता है, लेकिन उसे समझने की कोई कोशिश नहीं होती है।

तीसरी अवस्था : यह झोंके में सुनी जाने वाली अवस्था है। इसमें सुनने वाले की निर्णायक की अवस्था शामिल होती है। यहां सुनने वाला जो कुछ कहा गया है उसे समझने और Evaluate करने की कोशिश करता है और अपने निर्णय को भी जोड़ने की कोशिश करता है। कभी-कभी ऐसा भी हो सकता है कि सुनने वाला वास्तव में जितना सुनना चाहता है सिर्फ उतनी ही बातों को ध्यान से सुना हो। अतः यह एक प्रकार से Subjective listening है।

सुनने को प्रभावित करने वाले कारक (Variables affecting Listening) : सुनने की जटिल प्रक्रिया कई कारकों (Variables) पर आधारित है जो कई विभिन्न सम्प्रेषणों की स्थितियों में भिन्न-भिन्न हो सकती है, जैसे–

पर्यावरणीय सेटिंग्स : पर्यावरणीय परिस्थितियां भी सुनने की प्रक्रिया को प्रभावित करती हैं, जैसे–यदि एक साउंडप्रूफ कमरे के अंदर एक मीटिंग हो रही हो तो पृष्ठभूमि की रुकावटें कम होने के कारण सुनने की क्षमता बढ़ जाती है। इसी तरह से यदि डर, चिन्ता या Nervousness हो तो सुनने की क्षमता कम हो सकती है।

संदेश का स्रोत : सुनने की प्रक्रिया इस बात से भी निर्धारित होती है कि हम किसकी बात सुनने जा रहे हैं। कुछ ऐसे व्यक्ति भी हो सकते हैं जिनकी बातें सुनना हमें पसंद हो या दूसरी तरफ कुछ ऐसे व्यक्ति भी हो सकते हैं जिन्हें हम तिरस्कार (ignore) करते हों।

संदेश की प्रकृति : सुनने की प्रक्रिया उस संदेश की प्रकृति पर भी निर्भर करती है जिसे हम सुन रहे हों, जैसे यदि हम अपनी रुचि के किसी टापिक के बारे में सुन रहे हों तो निश्चय ही हम उस विचार में डूब जाते हैं और इसके विपरीत यदि वह टापिक हमारी रुचि का नहीं है तो उसे सुनने में हम यथेष्ट ध्यान नहीं देते।

सुनना सीखना (Learning to Listen)

1. मीटिंग, साक्षात्कार और प्रस्तुतिकरण (Presentations) की तैयारी के लिए Listening की प्रक्रिया को सीखना जरूरी है। यदि आप सुनना सीख जाएं तो यह काम करने की जगह पर अपकी कार्यक्षमता को परिष्कृत करेगा, आपके आत्मविश्वास को बढ़ाएगा और आपको मशहूर करेगा जिससे औरों पर नियंत्रण करने में आपको मदद मिलेगी।
2. Listening की प्रक्रिया में Hearing के सभी पहलू शामिल हो जाते हैं, जो बातें कही गई के साथ-साथ जो बातें नहीं कही गईं वह भी। अतः आपको कानों से सुनने के साथ-साथ आंखों देखी बातों पर ध्यान देना भी जरूरी है। किसी व्यक्ति के सही मनोभावों को समझने में दैहिक भाषा का योगदान भी महत्त्वपूर्ण है और कभी-कभी आदमी के मुंह से कही जा रही बातचीत और उसकी दैहिक भाषा के बीच में सामंजस्य नहीं पाया जाता।
3. कभी-कभी किसी व्यक्ति के मुंह से कहे गए वास्तविक शब्दों के साथ-साथ आवाज की Tone भी सुनने वाले के लिए कुछ दूसरा छुपा हुआ संदेश दे सकती है।
4. यदि परिस्थिति की मांग हो तो सभा, सम्मेलन और भाषण में कही गई मुख्य बातों को नोटबुक में नोट किया जा सकता है। इससे कही गई बातों में से किसी महत्त्वपूर्ण बिंदु को miss करने से आप बच जाते हैं। कभी-कभी नोट किए हुए संक्षिप्त प्वाइंट्स भी यादों के लिए ट्रिगर का कार्य करते हैं।
5. जब कभी भी दूसरा व्यक्ति कोई बात कह रहा हो तो उस व्यक्ति के बातचीत के बीच में ही आप मत टोकिए। यह हरकत दूसरे के लिए Frustrating हो सकती है या कभी-कभी आप खुद भी गलत हो सकते हैं।
6. अपने मानस पटल की खिड़कियों को हमेशा खुला रखिए। यदि आपके मन में पहले से निर्धारित कोई विचारधारा घर बनाए हुए हो तो आप दूसरे की कही हुई थोड़ी-सी अलग विचारधारा को स्वीकार नहीं कर पाएंगे और ऐसी स्थिति में आप एक ग्रहणशील सुनने वाला या Receptive listener नहीं बन पाएंगे।
7. अपनी अभिरुचि को प्रदर्शित करने के लिए और यह निश्चय करने के लिए कि कहने वाले के द्वारा जो कुछ भी बात कही जा रही है आप उसे समझ रहे हैं, समुचित सवाल जरूर पूछिए।

8. दूसरे के द्वारा कही गई बात को Acknowledge करके आप यह जताने की कोशिश करें कि आपने दूसरे की बातों को ध्यान से सुना और समझा है।
9. वक्ता के चेहरे पर नजर टिकाकर Eye contact maintain करते हुए दूसरे के कहे गए बात के विभिन्न पहलुओं पर सिर हिलाकर भी Acknowledge कर सकते हैं।
10. अपने बालों, पेन या आभूषण से अठखेलियां न करें तथा घड़ी की ओर भी न देखें।
11. क्रोधित या शिकायत करने वाले ग्राहक से चर्चा deal करते समय तो आपके द्वारा ध्यान से सुनना या Listening संजीवनी के समान है। पहले शिकायतकर्ता को अपने दिल की पूरी भड़ास और शिकायत निकाल लेने दीजिए और इसके बाद समस्या को सुलझाने के सकारात्मक दृष्टिकोण की पहल कीजिए। अपने बचाव के लिए दूसरे की बात के बीच में ही मत टोकिए।
12. दूसरों को ऐसी नजर से देखिए जो प्रदर्शित करे कि आप उस व्यक्ति में अभिरुचि रखते हैं। नीचे या अलग हटकर या कंधे से ऊपर देखना अभिरुचि की कमी चिह्नित करता है।

Styles of Listening : सुनने वालों की सुनने की स्टाइल के आधार पर भी इन्हें पांच वर्गों में वर्गीकृत किया जा सकता है :

1. **झूठा (Faker) :** एक सामान्य आदत यह है कि अकसर लोग सुनने की झूठी नकल करते हैं। वे यह दिखाने की कोशिश करते हैं कि वे ध्यान से सुन रहे हैं, लेकिन सच्चाई यह है कि बातचीत के समय उनका ध्यान कहीं और होता है।
2. **The Dependent Listener :** कुछ सुनने वाले सुनते समय दूसरे की इच्छाओं, राय और अनुभूतियों पर बहुत अधिक निर्भर रहते हैं।
3. **रोक-टोक करने वाले (The Interrupter) :** कुछ लोगों की आदत होती है कि वे वार्तालाप के दौरान बीच-बीच में रोक-टोक करते रहते हैं।
4. **आत्मचिंतक सुनने वाले (The Self-conscious Listener) :** कुछ सुनने वाले वार्तालाप के दौरान दूसरों की बातें सुनते समय हमेशा अपने बारे में चिंतित रहते हैं। वे हमेशा इस बात को सोचकर परेशान रहते हैं कि दूसरा व्यक्ति उनकी बातों की व्याख्या किस प्रकार करता है। इस Self-consciousness के कारण किसी बात के लिए पहले से ही उनके मन में कुछ भ्रांति या Pre-occupation मौजूद रहता है जो उनके द्वारा सुनने के प्रभाव को पूरी तरह से बिगाड़ देता है।

5. **बुद्धिजीवी या तार्किक सुनने वाले :** कुछ बुद्धिजीवी या तार्किक किस्म के सुनने वाले दूसरे की कही हुई बात के तार्किक पहलू को ग्रहण कर लेते हैं, लेकिन इस चक्कर में कही हुई बात के कई भावनात्मक पहलुओं और दैहिक भाषा के कई संदेशों को miss कर जाते हैं।

Attributes of Effective Listening : प्रभावशाली ढंग से सुनने के लिए आपको निम्नलिखित बातों पर ध्यान देना आवश्यक है :

1. **हमेशा दिमाग को जिज्ञासु और खुला रखें :** हमेशा हर जगह नए विचारों के लिए उत्सुक रहें।
2. **विश्लेषणात्मकता और निर्णायक की भूमिका से बचें :** हमेशा निर्णायक होने की भावना से बचते हुए दूसरे की कही हुई बात को ध्यान से शांत होकर सुनें। इससे आपकी सुनने की क्षमता में अभिवृद्धि होगी।
3. **अपने पूरे हृदय और आत्मा से दूसरों की सुनें :** आपके चारों तरफ के वातावरण में क्या घट रहा है इसका साक्षी बनें और घटनाओं के लिए असम्बद्ध (Unconcerned) न रहें।
4. **प्रश्नों के लिए उचित समय का ध्यान रखें :** प्रश्नों को पूछते समय उपयुक्त समय का भी ध्यान रखें। इसके लिए उचित सलाह यह है कि प्रश्न पूछने के लिए जो निर्धारित समय है उसी समय प्रश्न पूछें।

सुनने की क्रिया की रुकावटें (Barriers to Listening) : हममें से अधिकांश व्यक्तियों के लिए सुनते समय कई प्रकार के अवरोध बीच में रुकावट पैदा कर सकते हैं। अच्छी तरह से सुनने की प्रक्रिया के लिए दूसरे की आंखों से अपनी आंखों का संपर्क, ध्यान देना तथा दूसरे की बात को Acknowledge करना जरूरी है। इस प्रकार सुनने की क्रिया में रुकावट पैदा कर सकने वाले मुख्य चार अवरोध इस प्रकार हैं :

1. **Perception, Reception, Attention :** सुनने की क्रिया बहुत अधिक चयनात्मक (Highly selective) तथा विषय आधारित (Subjective) होती है। यदि हम कुछ बातों को सुनने की पहले से ही अपेक्षा रखेंगे तो वास्तव में कही गई पूरी बात को हम सुन नहीं पाएंगे। हम सिर्फ Expected बात को ही सुनकर ग्रहण कर पाएंगे। किसी घटना के समय हमारा मानसिक रूप से पूरी तरह से मौजूद रहना हमारे Perception, Reception और Attention से निर्धारित होता है। उदाहरण के लिए किसी व्यक्ति के लिए हमारे मन में पहले से मौजूद पसंद या नापसंद या Perception या उस

समय की परिस्थिति हमारे ध्यान देने और ग्रहणशीलता को काफी हद तक प्रभावित कर सकते हैं।

2. **Biased listening or hearing what you want to hear :** सुनने की प्रक्रिया में एक बहुत Common type का अवरोध यह है कि अकसर हम जितनी बातें सुनना चाहते हैं सिर्फ उतनी ही बातें सुन पाते हैं। इसका परिणाम होता है आंशिक सुनना (Partial listening)। सुनने की प्रक्रिया में यह अवरोध तब उत्पन्न होता है जब दूसरे व्यक्ति के बोलना शुरू करने से पहले ही हम मन में यह लेबेल लगा लेते हैं कि अमुक यह बात कहना चाहता है। बोलने वाले के साथ हमारे जीवन में पहले हुए अनुभवों के कारण भी ऐसा हो सकता है। पूर्वाग्रहों के कारण हम कही हुई बात के साथ पहले से ही सकारात्मक या नकारात्मक व्याख्याएं जोड़ देते हैं। इस प्रकार कही हुई बात का मर्म बदल जाता है। इसी को Biased listening कहा जाता है। कभी-कभी हम अपने पिछले अनुभवों के आधार पर किसी शब्द पर प्रतिक्रिया व्यक्त करते हैं। कुछ खास शब्द सुनने वाले को इस हद तक प्रभावित कर सकते हैं कि सुनने वाला बात को समझने के स्थान पर निर्णायक की भूमिका में पहुंच जाए।
3. **मनोभावों का सुनने पर असर :** मनोभाव भी सुनने की प्रक्रिया पर प्रभाव डालते हैं। यदि हमारे मन में पहले से ही वक्ता के प्रति सहानुभूति या आक्रोश का मनोभाव मौजूद होगा तो यह भी सुनने की क्षमता को प्रभावित करेगा।
4. **भौतिक अवरोध :** हमारे चारों तरफ के वातावरण में मौजूद भौतिक वस्तुएं भी हमारे सुनने की क्षमता पर प्रभाव डालते हैं। एक भौतिक अवरोध तो उम्र बढ़ने के साथ हमारी सुनने की क्षमता में कमी भी हो सकता है। इसके अलावा भी हमारी रोजमर्रा की जिन्दगी में कई ऐसे अवरोध हो सकते हैं जो हमारी श्रवण क्षमता को प्रभावित करें।
5. **थकान या Fatigue :** थकान या Fatigue भी एक महत्त्वपूर्ण कारण है जो हमारी सुनने की क्षमता को प्रभावित करता है। थके होने पर ग्रहणशीलता में कमी आ सकती है। इसके अलावा भी यदि आपके साथ कुछ व्यक्तिगत समस्याएं, किसी के साथ हुई लड़ाई या अप्रिय घटना या अप्रिय अनुभव हों तो भी वे आपके सुनने की क्षमता को प्रभावित कर सकते हैं।

●●●

2

प्रणय निवेदन

प्यार, अनुराग, प्रेम शायद ईश्वर की बनाई हुई अनुभूतियों में सर्वप्रथम है। अन्य सभी इंद्रियों की अनुभूतियों, स्वाद, सुगंध, ध्वनि, दृष्टि, स्पर्श आदि में तो केवल एक ही प्रकार की इंद्रिय हिस्सा लेती है, लेकिन प्यार एक ऐसी ईश्वर प्रदत्त अनुभूति है जिसमें दिल और दिमाग के साथ-साथ ये सभी इंद्रियां एकसाथ हिस्सा लेती हैं। इस प्रेम के कई रूप हैं। जब यह मां का बच्चे के प्रति प्रेम होता है तो उसे वात्सल्य कहते हैं। जब यह बच्चे के मन में मां-बाप या किसी बड़े के प्रति होता है तो इसी प्रेम को आदर या श्रद्धा कहते हैं। भक्त का अपने भगवान के प्रति प्रेम भक्ति कहलाता है। भाई का भाई या बहन के प्रति प्रेम अनुराग बन जाता है। मित्र का एक-दूसरे के प्रति प्रेम मैत्री या दोस्ती बन जाता है और पति-पत्नी का एक-दूसरे के प्रति प्रेम ही प्रणय बन जाता है। इस प्रकार प्रेम के अनगिनत रूप हैं।

प्रणय की दैहिक भाषा को समझने के लिए हमें इसके जीव-वैज्ञानिक, सामाजिक, एंथ्रोपोलाजिकल, सांस्कृतिक एवं आध्यात्मिक सभी पहलुओं पर दृष्टिपात करना पड़ेगा तभी हम इस अनुभूति की विभिन्न गहराइयों को समझ सकेंगे। जिस प्रकार जन्म और मृत्यु, बचपन, जवानी और बुढ़ापा जिन्दगी के शाश्वत सत्य हैं, उसी प्रकार से अपनी प्रजाति को बनाए रखने का प्रयत्न भी एक शाश्वत सत्य है। इसको हम इंकार

नहीं कर सकते। प्रारंभ में कम विकसित पौधों एवं जंतुओं की प्रजातियों में अलैंगिक प्रजनन पाया जाता था। गुड़हल, गुलाब और गन्ने के पौधे के तने का एक कटा हुआ हिस्सा मिट्टी में किसी दूसरे स्थान पर लगा देने से एक नया पौधा बन जाता है। कुछ नन्हे जंतुओं में भी यह क्षमता होती है। इस पद्धति में समस्या यह थी कि संतान अधिकांश मामलों में पूरी तरह से अपने पूर्वज जैसा होता था। किंतु डार्विन के सिद्धांत के अनुसार एक प्रजाति के विभिन्न सदस्यों के रूप, रंग, आकार और गुण में भिन्नता होनी आवश्यक है तभी विकास होता है। अतः बाद में प्रकृति ने लैंगिक प्रजनन की विधा को जन्म दिया। इस विधि में एक ही प्रजाति के सदस्य रूप, रंग, आकार और गुण धर्म से दो प्रकार के हो गए, जिन्हें नर और मादा या पुरुष और स्त्री का संबोधन दिया गया। इस पद्धति का फायदा यह हुआ कि संतान पचास प्रतिशत गुणों में पिता से एवं शेष पचास प्रतिशत गुणों में माता से मिलता-जुलता है। इस प्रकार हर संतान में, पूर्वज से तुलना में कम से कम पचास प्रतिशत नये गुण आ जाते हैं। अतः विभिन्नता की उत्पत्ति होती है। यही विभिन्नता विकास के प्राकृतिक चयन के लिए कच्चा माल प्रदान करती है। इस दौरान एक और नया परिवर्तन हुआ। मेढक, मछली आदि की अधिकांश प्रजातियों के नर और मादा अपने जनन अंश को बाहरी वातावरण में पानी में छोड़ देते थे और वहीं उनका सम्मिलन होता था, लेकिन इसमें समस्या यह थी कि विकसित होता हुआ भ्रूण बाहरी वातावरण की गर्मी, ठंडक, बरसात, शत्रु, रोगाणु आदि के संपर्क में रहता था। विकास के दौरान एक क्रांतिकारी परिवर्तन तब हुआ जब माता का जनन अंश माता के शरीर में ही रुक गया और पिता का जनन अंश माता के गर्भाशय में स्थापित किया जाने लगा। इस प्रक्रिया में शिशु का विकास तब तक माता के गर्भ में ही होने लगा जब तक कि वह बाहरी वातावरण में स्वतंत्र रूप से अपना जीवन यापन करने में समर्थ नहीं हो जाता था। इस जीवन पद्धति के लिए एक ही प्रजाति के माता-पिता में अंतरंगता स्थापित करने के लिए उनका निकट आना आवश्यक था। इस अंतरंगता के साथ हर प्रजाति के पुरुष और स्त्री की यह भी अपेक्षा रहती थी कि वे एक-दूसरे के प्रति आश्वस्त हो जाएं कि आने वाले समय में भोजन इकट्ठा करने तथा घर बनाकर शिशुओं की देखभाल करने में वे सक्षम हैं। मकड़ी के जाल में स्थित मादा के समक्ष जब उस प्रजाति का नर आता है तो मादा की पहली कोशिश तो शत्रुतापूर्ण होती है। वह या तो पुरुष को भगा देती है या खा जाती है। उससे बचने के लिए कई प्रजातियों के पुरुष कोई खाने की चीज ले जाते हैं और स्त्री को भेंट करते हैं जिससे उसकी बैर भावना में कुछ कमी आ सके। मूल रूप से शायद इसी प्रवृत्ति के कारण विभिन्न जंतुओं की मादाओं

को रिझाने के लिए नर ने विभिन्न प्रकार की भाव-भंगिमाओं और क्रिया-कलापों का सहारा लिया। बरसात के मौसम में अपनी प्रेयसी को रिझाने के लिए मोर ने पंखों को फैलाकर नाचने की तकनीक का सहारा लिया तो नर मेढक ने अपनी मेढकी को रिझाने के लिए टर्र-टर्र के गायन को अपना माध्यम बनाया। कस्तूरी मृग की नाभि में पाई जाने वाली कस्तूरी की महक भी अपनी प्रजाति की मादा मृग को प्रेम संदेश देने का काम करती है। मधुमक्खी के स्वयंवर में जब रानी मधुमक्खी छत्ते से निकलकर आसमान की ओर उड़ान भरती है तो छत्ते में उपस्थित सैकड़ों राजकुमार उसके पीछे उड़ान भरते हैं। इस उड़ान की प्रक्रिया में जो पुरुष सबसे लंबे समय तक उड़ान भरता है उसी का प्रणय निवेदन रानी द्वारा स्वीकार कर लिया जाता है, लेकिन इस स्वीकृति की बहुत बड़ी कुर्बानी देनी पड़ती है। प्रेम प्रक्रिया समाप्त होने के तुरंत बाद रानी अपने पति के उदर में अपना डंक चुभाकर उसे मार डालती है।

कुछ इसी तरह की मनोभावनाओं के वशीभूत होकर मानव संस्कृति में भी पुरुष और स्त्री में एक-दूसरे को रिझाने के लिए कई अनुकूलताएं विकसित हुईं। किसी सार्वजनिक स्थान पर जब एक पुरुष और महिला एक-दूसरे की तरफ बढ़ते हैं तो करीब आने पर पुरुष अपनी टाई की नाट ठीक करने लगते हैं और महिलाएं चेहरे को एक हलका-सा झटका देकर अपने बालों की लट को पीछे करने की कोशिश करती हैं। समुद्र के किनारे एक-दूसरे के पास आने पर पुरुष और महिला की चाल अपने आप बदल जाती है। इस संदर्भ में इस समय दो बातें बड़ी ही मजेदार विकसित हुईं। कभी आपने पुरुष और स्त्री की श्वास प्रक्रिया पर ध्यान दिया है? मनुष्य के सांस लेने की क्रिया में तीन प्रकार की मांसपेशियां हिस्सा लेती हैं–1. पसली से जुडी मांसपेशियां, 2. डायफ्राम एवं 3. उदर की मांसपेशियां। सांस लेते समय पुरुष के उदर की मांसपेशियां ज्यादा हिस्सा लेती हैं। इसके विपरीत सांस लेते समय स्त्री के वक्षस्थल की मांस पेशियां ज्यादा हिलती हैं। प्रकृति ने इसलिए यह अंतर किया, क्योंकि अगर उदर की मांसपेशियों में ज्यादा गति होती तो स्त्री में गर्भकाल में विकसित होते हुए शिशु को चोट पहुंच सकती थी। इसी प्रकार से तुलनात्मक रूप से स्त्री के नितम्ब की मांसपेशियां पुरुष के नितम्ब की मांसपेशियों से अधिक विकसित होती हैं जो

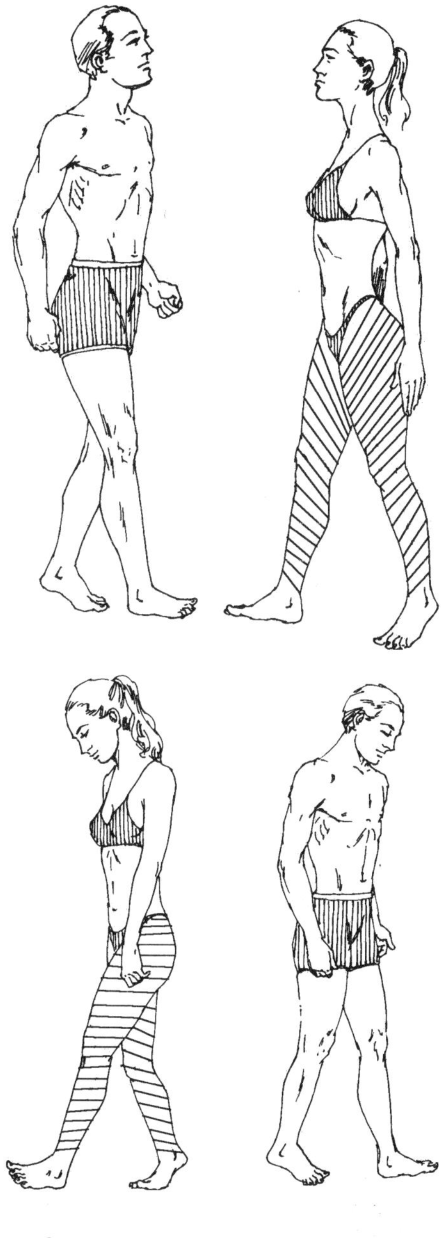

शिशु के जन्म के समय अपेक्षित बल प्रदान करने में मदद करती हैं। ये दोनों तो जैव-वैज्ञानिक आवश्यकताएं थीं, लेकिन कालांतर में सांस्कृतिक एवं एंथ्रोपोलॉजिकल पहलू यह हुआ कि स्त्री के विकसित नितम्ब और उन्नत वक्षस्थल पुरुष के आकर्षण की वस्तु होने के साथ-साथ संकेत रूप से यह आश्वासन भी प्रदान करते थे कि वह महिला संतान-उत्पत्ति के तनावों को बर्दाश्त कर सकेगी और उस पुरुष की पीढ़ी को आगे बढ़ाने में सहयोगी सिद्ध होगी। इसीलिए भारतीय संस्कृति में अजंता, एलोरा और खजुराहो के भित्ति चित्रों में सुंदरता के प्रतिमान में महिलाओं को दुहरे बदन वाला दिखाया जाता था। महिलाओं में हलकी-सी मोटाई खूबसूरती मानी जाती थी। इसके विपरीत पुरुषों में हलका-सा दुबलापन और इकहरा बदन सौंदर्य का मानक समझा जाता था। लेकिन पिछले कुछ वर्षों में भारतीय फिल्मों में नायिकाओं के लिए इकहरा बदन सुंदरता का मानक समझा जाने लगा है। इसके साथ ही पुरुष के लिए अपेक्षित था कि वह शिकार करके या अन्य कोशिशों द्वारा अपनी पत्नी एवं बच्चों के भरण-पोषण के लिए वांछित सुविधाएं जुटा सके। इसीलिए नारी हमेशा

पुरुष में अपेक्षित बलिष्ठता, ताकत, स्फूर्ति और चपलता की तलाश करती है। इसीलिए ऊंची एड़ी के सैंडिल और जूते हमेशा महिलाओं ने पहने। पुरुष प्रायः ऊंची एड़ी के जूते और सैंडिल नहीं पहनता। ऊंची एड़ी के सैंडिल पहनने से स्त्री के नितंब और वक्षस्थल और अधिक विकसित प्रतीत होते हैं। इसी के साथ ही एक परिवर्तन यह हुआ कि गाय, भैंस, हिरन, शेर आदि चार पैरों पर चलने वाले प्राणी थे और मनुष्य दो पैरों पर चलने लगा तो इसी के अनुसार मनुष्य की ज्ञानेंद्रियों एवं संवेदांगों में परिवर्तन हो गए। हाथों की उंगलियों के पोर विभिन्न प्रकार के संवेदन, ठंड, गर्मी, दबाव आदि के प्रति संवेदनशील हो गए। चौपायों की मादा के पीठ की तरफ के हिस्से में लैंगिक आकर्षण के बिंदु स्थित रहते थे, किंतु मनुष्य में पेट और वक्षस्थल की ओर लैंगिक आकर्षण के बिंदु स्थापित हो गए। ऐसा प्रतीत होता है कि नाक, कान, गले, पांवों आदि में पहने जाने वाले आभूषण नाक की कील, कान के टाप्स और बुंदे, गले में पहने जाने वाले मंगलसूत्र, हार और लाकेट, पैरों की पाजेब, कलाई की चूड़ियां तथा माथे की बिंदिया भी स्त्री के लैंगिक आकर्षण के बिंदु अर्थात Sex-centres के करीब स्थित रहते हैं। पुरुषों में पहने जाने वाले यज्ञोपवीत और रुद्राक्ष की माला हृदय को स्पर्श करते रहते हैं और इसीलिए हार्टअटैक आदि की संभावनाओं को कम करते हैं। माथे पर लगाया जाने वाला चंदन का टीका और बिंदी भी हमारे शरीर के छः चक्रों में से सबसे महत्त्वपूर्ण आज्ञा चक्र को उत्तेजित और विकसित करता है। माथे पर टीका लगाने का अधिकार माता-पिता और गुरु को ही दिया जाता है और महिला के माथे पर टीका लगाने का अधिकार सभी रिश्तेदारों को नहीं दिया जाता है, यह एक परंपरा है। सुगंध के प्रति भी पुरुषों और स्त्रियों की पसंद अलग-अलग होती है। इत्र और परफ्यूम के क्षेत्र में पुरुषों और महिलाओं की भिन्न पसंदों की शृंखला अच्छी खासी लंबी है। पसंद और नापसंद का क्षेत्र इतना व्यापक है कि एक-दो साल की उम्र से ही लड़कियां गुड्डे-गुड़ियों से खेलने में रुचि लेने लगती हैं, जबकि लड़के एक-दो साल की उम्र से ही बंदूक, हाकी, क्रिकेट, कार आदि खिलौनों को चुनने लगते हैं। पुरुष और स्त्री के व्यक्तित्व में ये परिवर्तन लैंगिक या सेक्स हारमोन के कारण होते हैं जिनकी प्रकृति पुरुष और स्त्री में अलग-अलग होती है। इन्हीं सेक्स हारमोन के प्रभाव से स्त्रियों की त्वचा के नीचे की वसा की परत पुरुष की त्वचा के नीचे की वसा की परत से अधिक मोटी होती है। इसीलिए महिलाओं को पुरुषों की अपेक्षा कम ठंड लगती है। इसी त्वचा के नीचे की वसा की परत के अधिक विकसित होने के कारण तैरते समय महिलाएं कम डूबती हैं, त्वचा के नीचे रक्त वाहिनियों का जाल महिलाओं में अधिक विकसित होता है। इसी के कारण महिलाओं की

त्वचा स्निग्ध, सुकोमल, गुलाबी और सुंदर दिखाई देती है। इसीलिए उंगली कट जाने पर लड़कों की अपेक्षा लड़कियों में खून ज्यादा बहता है। गले में Adam's apple के विकास के बाद लड़कों की आवाज मोटी और मर्दानी हो जाती है। असल में सेक्स हारमोंस लैंगिक लक्षणों के साथ-साथ शरीर के सामान्य क्रिया-कलापों को काफी गहराई तक प्रभावित करते हैं। इसीलिए पैंतालीस-पचास की उम्र के बाद मीनोपाज अवस्था आने पर स्त्रियों के व्यक्तित्व में चिड़चिड़ापन, गुस्सा, सिरदर्द, पैर में दर्द, अत्यधिक पसीना होना, नींद न आना आदि कई समस्याएं उत्पन्न होती हैं। कभी-कभी जब ये समस्याएं ज्यादा हो जाती हैं तो डॉक्टर इन मरीजों को सेक्स हारमोंस के इंजेक्शन की सलाह देते हैं। लेकिन इन हारमोंस के इंजेक्शन का लंबे समय तक इस्तेमाल, गर्भाशय और वक्षस्थल के कैंसर को जन्म दे सकता है। त्वचा में स्थित तैलीय ग्रंथियों की अति सक्रियता किशोरावस्था और जवानी की शुरुआत में लड़के-लड़कियों में मुंहासे (Acne) आदि की उत्पत्ति को बढ़ा देती हैं। इन जैव रासायनिक क्रियाओं के प्रभाव के कारण ही शादी के तुरंत बाद यदि दांपत्य जीवन सुखी हो तो पुरुष और स्त्री के चेहरे पर एक नई चमक और खुशी की लहर दृष्टिगोचर होती है और दांपत्य जीवन में दरार होने पर पुरुष और स्त्री के चेहरे की खुशी धूमिल हो जाती है। मातृत्व भी स्त्री के व्यक्तित्व विकास की चरम परिणति है और इसीलिए मातृत्व की अनुपस्थिति में औरत कुछ अधूरी रह जाती है। हिन्दुस्तान के धर्मग्रंथों में कुछ विद्वानों ने ब्रह्मचर्य के नाम पर पुरुष और स्त्री के बीच के आकर्षण के विरोध में कई अधूरी और अटपटी बातें कहीं, लेकिन पुरुष और स्त्री के बीच आकर्षण ईश्वर द्वारा प्रदान की गई एक नैसर्गिक अनुभूति है जिसे हमें सहज रूप से स्वीकार करना चाहिए। असल में संतानोत्पत्ति के साथ ही संतान के पालन-पोषण और व्यक्तित्व निर्माण की जिम्मेदारी जुड़ी हुई है, जिससे दूर भागना अभीष्ट नहीं है। प्रसिद्ध नाटक 'सूरज की अंतिम किरण से सूरज की पहली किरण तक' में संतानोत्पत्ति और पुरुष महिला के आकर्षण के बीच के अंतर्द्वंद्व को बड़ी खूबसूरती से प्रस्तुत किया गया है। मनुष्य के अलावा किसी अन्य प्राणी में जबरदस्ती बलात्कार नहीं होता है। चूहे, बिल्ली, खरगोश, गाय, हिरन, हाथी, शेर आदि सभी प्राणी में जब मादा की इच्छा और स्वीकृति होती है तभी समागम होता है। प्रायः अधिकांश प्राणियों का जनन काल इस प्रकार से योजनाबद्ध होता है कि जन्म के बाद शिशुओं को भोजन और रहने की जगह यथेष्ट मात्रा में उपलब्ध हो सके। इसीलिए बसंत ऋतु और बरसात के समय अधिकांश प्राणी घोंसला बनाते हैं और विवाह करते हैं, लेकिन मानव के इतिहास में यह परिवर्तन हो गया कि मानव का प्रणय, काल और अवधि के परे है, वह निर्धारित समय

के प्रतिबंध को स्वीकार नहीं करता। इस संबंध में पुरुष और स्त्री का मनोविज्ञान भी भिन्न है। पुरुष समागम को चिन्ता और थकान से मुक्ति के लिए एक सेफ्टीवाल्व की भांति व्यवहार करता है किंतु स्त्री जब पहले से पूरी तरह से चिन्ता मुक्त हो तभी समागम को पसंद कर पाती है। असल में पुरुष और स्त्री के बीच के आकर्षण में कुछ भी अप्राकृतिक नहीं है। अतः इसका विरोध और निषेध ही अप्राकृतिक है। महत्त्वपूर्ण बात सिर्फ इतनी है कि संतान का पालन-पोषण और पारिवारिक जिम्मेदारी का प्रश्न भी पुरुष-स्त्री के आकर्षण के साथ ही जुड़ा हुआ है, जिसे हमें स्वीकार करना अभीष्ट है। हिंदू धर्म में करीबी रिश्तों के बीच विवाह संबंध का निषेध के पीछे भी कुछ वैज्ञानिक कारण हैं। प्रायः कई प्रकार के रोगों की प्रवृत्ति हमारे शरीर में छिपे तौर पर मौजूद रहती है। करीबी रिश्तों के बीच शादी होने पर इन रोगों के प्रकट होने की संभावनाएं बढ़ जाती हैं। इसके विपरीत दूर-दराज के व्यक्तियों के बीच विवाह संबंध होने पर अधिकांश रोगों की प्रवृत्ति सुप्त हो जाती है। जन्मपत्री का मिलान करते समय लड़का-लड़की और उसके मां-बाप के साथ-साथ दादा-दादी और नाना-नानी के ग्रहों का मिलान भी मेंडिल के आनुवंशिकता के सिद्धांत के अनुरूप है और इसीलिए पूर्ण वैज्ञानिक है।

एक अन्य महत्त्वपूर्ण पहलू यह भी है कि कई बीमारियां यौन जनित हैं और इनका संक्रमण एक व्यक्ति से दूसरे व्यक्ति को हो सकता है। इसलिए हमें बचपन से ही अपने बच्चों को हाथ-पैर, चेहरा, आंख-नाक, कान आदि की सफाई और स्वच्छता के साथ-साथ मूत्र जननांगों की सफाई और स्वच्छता की ट्रेनिंग भी देनी आवश्यक है। एड्स या इस प्रकार के किसी अन्य रोग से ग्रस्त होकर अपनी जिंदगी बर्बाद कर लें इसके पहले ही हमें भावी पीढ़ी को यौन ज्ञान के वैज्ञानिक दृष्टिकोणों से अवगत कराना आवश्यक है। साथ ही गीत, संगीत, नृत्य, खेल-कूद, जूडो, कराटे, चित्रकला आदि सिखाना भी व्यक्तित्व के संपूर्ण विकास के लिए आवश्यक है।

मनुष्य के सांस्कृतिक और सामाजिक विकास के साथ ही हर प्रकार के पसंद बदलते गए। किसी को लाल रंग ज्यादा अच्छा लगता है तो किसी को नीला, आसमानी या हरा रंग, इसी प्रकार से किसी को गुलाब का फूल ज्यादा आकर्षक लगता है तो कुछ अन्य लोगों को बेला, चमेली या रात की रानी के फूलों की महक ज्यादा अच्छी लगती है। पसंद अपनी-अपनी, ख्याल अपना-अपना। इसी प्रकार से खाने की चीजों के बारे में भी लोगों की पसंद अलग-अलग हो सकती है। छोटे बच्चों की खाने की पसंद बहुत जल्दी-जल्दी बदलती रहती है। हारमोंस का संतुलन बदलने के कारण कई महिलाओं में गर्भकाल के समय खाने और स्वाद की पसंद का क्षेत्र बदल जाता है। खाने का स्वाद भी भूख की शांति के साथ संबद्ध भी हो सकता

है और असंबद्ध भी हो सकता है। इसीलिए महिलाओं से अपेक्षा की जाती है कि वे अपने पति और संतान की स्वाद की पसंद नापसंद का ख्याल रक्खें, क्योंकि भारत में पत्नी द्वारा पति को प्रभावित करने का रास्ता जीभ के दरवाजे से होकर ही आगे बढ़ता है। पुरुष-स्त्री आकर्षण के मामले में आंखों की भाषा का भी महत्त्वपूर्ण स्थान है जिसका वर्णन हम अगले अध्याय में करेंगे, लेकिन अंत में यह कहना अभीष्ट होगा कि भौंरे की गुंजार, चिड़ियों की चहचहाहट, कोयल की कूक, मेढक की टर्र-टर्र, तितली का पंख फैलाकर उड़ना– यह सभी क्रियाएं पुरुष और स्त्री के बीच आकर्षण का प्रतीक हैं, क्योंकि यह सृजन के लिए जिम्मेवार आवश्यक ईश्वर प्रदत्त शक्ति है।

●●●

3

नयनों की भाषा

हर तरह के जज़्बात का ऐलान हैं आंखें, शबनम कभी शोला कभी तूफान हैं आंखें। इस आंख की सुरक्षा के लिए प्रकृति ने कई इंतजाम कर रखे हैं। आपको शायद विश्वास नहीं होगा, लेकिन सच यह है कि हमारे आंखों की लैक्राइमल ग्रंथियों से हर समय आंसू उत्पन्न होते रहते हैं, जो आंखों को नम और गीला करती रहती हैं जिससे किसी प्रकार का संक्रमण (Infection) न होने पाए। मजेदार बात यह है कि आंखों की पलकों में स्थित एक अन्य मीबोमियन ग्रंथियां एक प्रकार का तैलीय स्राव उत्पन्न करती हैं। तेल की यह परत आंसू की परत के ऊपर एक अन्य परत या फिल्म बना लेती है। जिस समय हम रोते हैं तो यह तैलीय फिल्म की परत टूट जाती है और आंसू बाहर ढुलकने लगते हैं। आंखों की भाषा समझने से पहले हमारे लिए आंखों की संरचना समझना आवश्यक है। सबसे पहले तो आंखें त्वचा के एक उभार से ढकी रहती हैं जिन्हें पलकें कहते हैं। इनमें से ऊपरी पलक के ऊपर की तरफ और निचली पलक नीचे की तरफ सिकुड़ने से आंखें खुलती और बंद होती हैं। ऊपरी पलक के छोर पर पुनः बालों की एक कतार Eyelash पाई जाती है जो धूल आदि के कणों को आंखों में घुसने से रोकती है। आंख की ऊपरी पलक के ऊपरी किनारे पर पाई जाने वाली भौंहें पुनः आंखों को एक और सुरक्षात्मक आवरण प्रदान करती हैं। इसके बाद आंखों में पुनः बाहर कन्जंगटाइवा और फिर उसके अंदर कार्निया की सफेद परत पाई जाती है। इस सफेद नाव जैसी रचना के बीच की गोल रचना Iris होती है, जो प्रायः काली किंतु कभी-कभी भूरी या नीली भी हो सकती है। इस Iris के बीच में पुनः खिड़की जैसी प्युपिल पाई जाती है। इस प्यूपिल छेद का दायरा छोट-बड़ा किया जा सकता है। तेज रोशनी में प्यूपिल का छेद छोटा हो जाता है और कम रोशनी या अंधेरे में इस प्यूपिल का छेद बड़ा हो जाता है। विभिन्न प्रकार की संवेदनाओं में आंखों की संरचना के इन सभी हिस्सों में परिवर्तन होते रहते हैं। उदाहरण के लिए यदि प्यूपिल के गति पर दृष्टिपात करें तो आश्चर्य, शोक या दुर्घटना के दृश्य को देखते

समय पुतलियां फैल जाती हैं। उत्तेजना के क्षणों में भी आंखों की पुतलियां फैल जाती हैं। दूसरी तरफ तेज

रोशनी में और दुःख तथा विषाद के क्षणों में आंखों की पुतलियां सिकुड़ जाती हैं।

भौहों की संरचना और दैहिक भाषा : भारत के देह भाषा विशेषज्ञ पं. नरेन्द्र शर्मा का कहना है कि आंख के ऊपर स्थित भौंहों की संरचना का भी एक पूरा-पूरा विज्ञान है। नाक के पास का भौंहों का कोना सीधा, थोड़ा झुका हुआ या थोड़ा उठा हुआ हो सकता है। इसी प्रकार से कान की तरफ इंगित करता हुआ भौंहों का बाहरी कोना भी समानांतर,

नीचे की ओर झुका हुआ या ऊपर की ओर उठा हुआ हो सकता है। किसी एक भौंह का बीच का हिस्सा भी थोड़ा उठा हुआ, समतल या थोड़ा नीचे झुका हो सकता है। कुछ लोगों की दोनों भौंहें बीच में जुड़ी हुई रहती हैं, कुछ सौंदर्य शास्त्रियों ने भौंहों की संरचना और व्यक्तित्व के बीच संबंध की भी वकालत की है। किंतु आधुनिक काल में महिलाएं अपने भौंहों के बालों को फैशन के अनुसार कटवाने लगी हैं तो ऐसी परिस्थिति में भौंहों की इन संरचनाओं से व्यक्तित्व का अंदाजा नहीं लगाया जा सकता है। कुछ सौंदर्य शास्त्रियों का मानना है कि बीच वाले भाग में से थोड़ी-सी ऊपर की ओर उठी हुई भौंहों वाले लोग साधारण बुद्धि के होते हुए भी परिश्रमी होते हैं और इन्हें ईश्वर पर पूरा विश्वास रहता है, परंतु आर्थिक संकटों से उन्हें कभी मुक्ति नहीं मिल पाती। इसी प्रकार से जिन लोगों की भौंहें अंदर के सिरों पर नीचे की ओर मुड़ी हुई हों तो ऐसे व्यक्ति आदर्शवादी, गुणवान, सर्वप्रिय तथा सत्यवान स्वभाव के होते हैं। इसके विपरीत अंदर

की ओर झुकी हुई और बाहर की ओर उठे हुए किनारों वाले भौंहों वाले व्यक्ति के विचारों में कोई दृढ़ता नहीं होती। वे बातें तो बहुत लंबी करते हैं, परंतु उन बातों का पूरा कर दिखाना उनके वश में नहीं होता।

आंखों की पलकें सिकुड़ जाना और फैल जाना : आंखों की पलकें सिकुड़ने पर आंखें बड़ी-बड़ी सी दिखाई देती हैं, जैसे हम जब कोई आश्चर्य की चीज देखते हैं। इसके विपरीत शरमाने पर हम नजरें झुका लेते हैं। कभी-कभी जब हमारी चोरी पकड़ी जाती है तब भी हम नजरें झुका लेते हैं। किंतु नजरें झुकाकर फिर नजरें उठा लेना प्रेम में सहमति की भावना को इंगित करते हैं। इसके विपरीत नजरें उठाकर फिर झुका लेने में भी प्रेम में मौन सहमति की भावना छिपी रहती है। पुतलियों को एक किनारे करके देखने में नाराजगी की भावना हो सकती है। बार-बार पलकें खोलना-बंद करना किसी मुद्दे पर अविश्वास का परिचायक है। अकसर घर की दादी-नानी कहती हैं कि गोद में पल रहे नन्हे शिशुओं की Eyelids के बाल खड़े होना नजर लगना को परिलक्षित करता है। वैसे तो आधुनिक विज्ञान नजर लगने की वैज्ञानिकता को स्वीकार नहीं करता है, लेकिन रोजमर्रा के जीवन में कई बार बुरी नजर, आशीर्वाद एवं श्राप का असर होता देखा गया है। असल में ऐसा लगता है कि शुभकामनाएं और अशुभ कामनाएं हमारे आत्मविश्वास को सुदृढ़ या कमजोर कर देती हैं जिससे उनका लाभकारी या हानिकारक प्रभाव पड़ जाता है।

दृष्टि का विश्लेषण : कोई व्यक्ति बात कर रहा हो तो उसकी नजर या दृष्टि कहां है इससे भी कई प्रकार के संदेश मिलते हैं। अंग भाषा विज्ञान ने मानव व्यक्तित्व के विषय में कई नए विचार प्रस्तुत किए हैं, जैसे–

(1) बात करते समय जिन लोगों की नजर अपने सामने वाले प्राणी के सिर पर ही टिकी रहे ऐसे लोग प्रायः बड़े क्रोधी, अभिमानी, पापी, स्वार्थी, धोखेबाज और दूसरे का बुरा करने वाले होते हैं।

(2) जो लोग सदा नजर से नजर मिलाकर बात करते हैं वे परिश्रमी, सभ्य और भले मानुष होते हैं। उनकी आंखों की चमक ही यह सिद्ध कर देती है कि उनके मन में कोई पाप नहीं है।

(3) बात करते समय जिन लोगों की नजर सामने वाले प्राणी के चेहरे पर टिकी रहती है वे जनप्रेमी होते हैं। वे हर एक के भले की बात सोचते हैं। अपने दुखों की अपेक्षा वे दूसरों के दुखों का दर्द अधिक महसूस करते हैं।

(4) जिन लोगों की नजर बात करते समय दूसरे व्यक्ति के वक्षस्थल पर टिकी रहे उनके मन शुद्ध होते हैं। वे पाप के नाम से भी डरते हैं। ऐसी नजर में शर्म और झिझक होती है।

(5) बात करते समय जिन व्यक्तियों की नजरें दाएं-बाएं चलायमान रहती हैं वे Confused और कुछ हद तक अविश्वसनीय होते हैं।

(6) पापी, झूठे, हेराफेरी करने वाले चार सौ बीस किस्म के लोगों की नजरें हर समय नीचे की ओर ही झुकी रहती हैं। वे किसी भी सच्चे आदमी से आंख मिलाकर बात नहीं करते हैं।

पूरी आंख और आस-पास के चेहरे के अन्य हिस्सों के संबंध : दरअसल आंख के हिस्सों के साथ-साथ जब तक हम पूरी आंख और आंख के ऊपर ललाट की त्वचा, आंख के नीचे की त्वचा, नाक और होंठ की गतियों को सम्मिलित रूप से देखें तभी आंखों की पूरी भाषा समझ सकते हैं। सिर्फ आंखों को देखकर किसी व्यक्ति के सभी मनोभावों का पूरा पता लगा पाना हर समय संभव नहीं है। अतः आंखों के साथ ही पूरे चेहरे पर दृष्टिपात करना आवश्यक है। जैसे यदि एक व्यक्ति दूसरे को घूरकर देख रहा हो तो घूरना अविश्वास, डराना, प्रभावित करने की भावना को प्रदर्शित करता है। घूरने से मिलता-जुलता किंतु कुछ अलग एक टक से देखना भी है जो रोमांटिक अनुभूति का परिचायक है। आंखों की पुतली ऊपरी पलक की तरफ हो और ऊपरी पलक थोड़ी सी ढक जाए तो यह उनींदी स्थिति या नींद आने को प्रस्तुत करता है। विस्फारित नेत्रों से देखना गुस्से को प्रदर्शित करता है। यह भी देखा गया है कि जो लोग बहुत ज्यादा सोचते

हैं उनकी भौंहों के बाहरी किनारे की नीचे की त्वचा लटक-सी जाती है। नाक की Origin और दोनों भौंहों के बीच के स्थान से कुछ ऊपर की त्वचा पर अधिक गुस्सा करने वाले लोगों में स्थायी सलवटें पड़ जाती हैं। सिर्फ आंखों की स्थिति से कभी-कभी उदासी का पता नहीं लग पाता है। लेकिन आंखों की स्थिति, दृष्टि, संकुचित होंठ आदि कई अंग मिलकर उदासी को व्यक्त करते हैं। इबादत की

स्थिति को भी आंखें एक अलग रूप से व्यक्त करती हैं। वात्सल्य की स्थिति में आंखों की दृष्टि नीचे की तरफ होते हुए भी होंठों का अधिक फैलाव कुछ अलग ही संदेश देता है। कभी-कभी उदासी की प्रस्तुति में होंठों की एक विशिष्ट मुद्रा

के साथ आंखों की पुतलियां, पलकों, भौंहों की मुद्रा भी एक विशेष भाव-भंगिमा प्रस्तुत करती हैं। डर की स्थिति में भी आंखों की पुतलियां फैल जाती हैं। गुस्से के साथ यदि खीझ और झुंझलाहट की भावना भी जुड़ी हुई हो तो आंखों के Expressions के साथ पूरे चेहरे पर झुर्रियां-सी पड़ जाती हैं। इसीलिए झुर्रियों से बचने के लिए कुछ सौंदर्य विशेषज्ञ तो यहां तक कहते हैं कि नहाने और मुंह

धोने के बाद चेहरा पोंछते समय तौलिए को चेहरे पर नीचे से ऊपर की तरफ रगड़ना चाहिए। ऊपर से नीचे की तरफ नहीं रगड़ना चाहिए। असल में हमारे पूरे स्वास्थ्य का असर हमारी आंखों पर पड़ता है। अंदर से बीमार होने की स्थिति में आंखों की चमक भी क्षीण और बुझी हुई सी दिखाई देती है और दूसरी तरफ

यदि हम स्वस्थ और खुश हैं तो चेहरे और आंखों की भाषा गीत गाती हुई सी प्रतीत होती है। इसीलिए Viva-voce की मौखिक परीक्षा और साक्षात्कार के समय यह अपेक्षा की जाती है कि हम साक्षात्कारकर्ता की आंखों में आंखें डालकर बात करें। इससे हमारा आत्मविश्वास परिलक्षित होता है। आंखों को स्वस्थ रखने के लिए पूरी नींद लेना आवश्यक है एवं दिन में तीन-चार बार ठंडे पानी के छपाके से धोना चाहिए। पढ़ते समय किताब पर रोशनी हमारे पीछे से पड़नी चाहिए। तेज धूप

में धूपी चश्मे का प्रयोग एवं कांटेक्ट लेंस के इस्तेमाल को अधिकांश आंखों के डॉक्टर हतोत्साहित करते हैं, किंतु अच्छे कांच से बने गागल्स चश्मे प्रयोग किए जा सकते हैं। डान किस्म के व्यक्ति अकसर रात में भी धूपी चश्मे का इस्तेमाल करते हैं जिससे उनकी आंखों की भाषा समझी न जा सके।

●●●

4

बालों की भाषा

संभवतः पूरे चेहरे पर आंखों के बाद बाल सबसे महत्त्वपूर्ण अंग हैं जो पूरे चेहरे को सौंदर्य-बोध प्रदान करते हैं। एक उम्र तक तो इनका रंग काला या भूरा रहता है, लेकिन बुढ़ापे में सफेद हो जाता है जिसे छुपाने के लिए कई व्यक्ति मेंहदी या फिर कृत्रिम रंग और डाई का प्रयोग करने लगते हैं। बाल संपूर्ण शरीर के शारीरिक और मानसिक स्वास्थ्य का प्रतिबिंब हैं। अतः यदि आप स्वस्थ और प्रसन्न होंगे तो बालों में नैसर्गिक चमक होगी और अधिक चिन्ता करने एवं टायफाइड, कैंसर आदि के बाद अधिक संख्या में बाल गिरने लगते हैं। वैसे तो प्रकृति ने हर बाल की जड़ में सीबेसियस ग्रंथि बना रखी है। ये थोड़ी मात्रा में प्राकृतिक ढंग से तेल उत्पन्न करते रहते हैं जो बालों को चिकना और स्वस्थ बनाता है। लेकिन जरूरत पड़ने पर थोड़ी मात्रा में रात को सोने से पहले थोड़ा-सा तेल डालना चाहिए (भले ही सुबह आप उसे साबुन या शैंपू से साफ कर लें)। दिन-भर की भागदौड़ की जिंदगी में बाल में तेल लगे रहने पर धूल के बैक्टीरिया बालों से चिपक जाते हैं जिससे डैंड्रफ (dandruff) की शिकायत हो जाती है। असल में बाजार में मिलने वाले अधिकांश तेल और साबुन में पड़ा हुआ सुगंध ही बालों को सबसे अधिक नुकसान पहुंचाता है। इसलिए जहां तक संभव हो, बालों में बिना सुगंध वाले सरसों का तेल, तिल का तेल, नारियल का तेल एवं जैतून का तेल ही डालें। साबुन और शैंपू के मामले में भी आप खुद इस्तेमाल करके देख लें कि आपके बालों को कौन-सा साबुन या शैंपू suit करता है तो उसे ही प्रयोग करें। मेंहदी एवं अंडे का पीला हिस्सा (नीबू के साथ) बालों को पोषण प्रदान करते हैं। दही से धोने से डैंड्रफ दूर हो जाते हैं। आपने देखा होगा कि कुछ लोगों के बाल कानों

(चित्र 4.1)

को ढके रहते हैं तथा कुछ के बाल कानों को नहीं ढकते। यदि आपका चेहरा छोटा है और आप उसे थोड़ा बड़ा दिखाना चाहते हैं तो कानों को ढके हुए बाल ज्यादा अच्छे लगेंगे (चित्र 4.1)। ऐसे ही डैनी डेंजोग्पा के बाल हैं। आप अपने बालों को काढ़ते समय मांग बिल्कुल किनारे की तरफ बनाते हैं या किनारे और बीच के मांग के बीच में बनाते हैं। उससे आपके चेहरे का लुक बदल जाता है। (चित्र 4.2 एवं 4.3) प्रायः नई पीढ़ी के व्यक्ति सोचते हैं कि बड़े बाल स्मार्टनेस व्यक्त करते हैं, लेकिन फौज में छोटे बालों को स्मार्टनेस का प्रतीक समझा जाता है। कुछ लोगों का कहना है कि मछली खाने से बालों की वृद्धि ज्यादा अच्छी होती है और इसलिए पश्चिम बंगाल एवं दक्षिण भारत की महिलाओं के बाल अधिक लंबे, काले और चमकदार होते हैं।

(चित्र 4.2)

(चित्र 4.3)

किसी भी साक्षात्कार या व्यापारिक सभाओं में जाने से पहले आपके बाल अच्छी तरह से कटे हुए, अच्छी तरह से धुले हुए और अच्छी तरह से कंघी किए हुए होने चाहिए। महिलाओं में भी बाल कुछ उठे हुए और कानों का कुछ हिस्सा ढके रहें तो अच्छा लगता है। आप बालों में तेल लगाने के बाद कंघी करें तो आपके बाल सिर से चिपके रहेंगे और आपके चेहरे की एक अलग प्रस्तुति होगी। दूसरी तरफ शैंपू से बालों को धुल लीजिए और फिर उसके बाद देखिए तो आपके बालों और चेहरे की दैहिक भाषा अलग होगी। गीले बाल या सूखे बाल दोनों ही अलग प्रकार का संदेश देते हैं। बालों को काढ़ने की हेयर स्टाइल भी चेहरे की बनावट, उम्र, पद और परिस्थिति के अनुसार अलग होनी चाहिए और आपके व्यक्तित्व से मेल खाती हुई होनी चाहिए। उदाहरण के लिए अधेड़ और बड़ी उम्र की महिलाओं में पोनीटेल अच्छी नहीं लगेगी। इसी प्रकार से दो चोटी करने में उम्र कम लगती है, लेकिन सिर्फ स्कूल जाने वाली लड़कियों में ही

(चित्र 4.4)

दो चोटी अच्छी लगती है। महिलाओं में भी सिर से चिपके हुए बालों की हेयर स्टाइल, सिर से न चिपके और थोड़ा उठे हुए और बिखरे बालों की हेयर स्टाइल और खुले बाल अलग ही कहानी कहते हैं (चित्र 4.4)।

देहिक हाव-भाव के क्षेत्र में महिलाओं द्वारा बनाए जाने वाले जूड़े की भी अलग-अलग मर्यादाएं हैं। महिला विद्यालय की प्रधानाचार्या के बालों में पारंपरिक गोल पफ वाला जूड़ा ही अच्छा लगेगा। कम उम्र की महिलाओं में पार्टी में जाने के समय अगल-बगल में कुछ लटें बाहर निकली हुई हों और थोड़े से अपारंपरिक किस्म के जूड़े भी अच्छे लगेंगे। साक्षात्कार देने जाते समय और अस्पताल में किसी मरीज को देखने जाते समय थोड़ा-सा पारंपरिक प्रकार का केश विन्यास ही अच्छा लगेगा। यह सब जानकारियां दोनों स्थितियों के लिए लाभदायक हैं। आपको अपने आपको दूसरों के समक्ष प्रस्तुति के समय भी और दूसरी तरफ जब आप निर्णायक के पद पर हों और आपको दूसरे के व्यक्तित्व एवं बॉडी लैंग्वेज की समीक्षा करनी हो तो भी इन जानकारियों से आप लाभान्वित हो सकते हैं।

बालों के रंग से भी दूसरे व्यक्ति के व्यक्तित्व का पता चलता है। सुनहरे बाल एक ओर तो आपको सेक्सी लुक देते हैं तो वहीं ये आत्मविश्वास, ऊर्जा और शक्ति का प्रतीक माने जाते हैं। सुनहरे बाल आपको यंग लुक देते हैं। अकसर छोटे बच्चों के बाल बड़ों की अपेक्षा सुनहरे और हलके होते हैं। शायद यही वजह है कि सुनहरे बालों को यौवन के परिप्रेक्ष्य में देखा जाता है। इसके अलावा सुनहरे बालों वाली लड़कियों को ग्लैमरस और वैभवी भी माना जाता है, क्योंकि सुनहरा रंग अपने आप में धन और वैभव का प्रतीक है (चित्र 4.5)। बालों को सुनहरे रंग में रंगवाने में जेब भी काफी खाली

(चित्र 4.5)

करनी पड़ती है। लेकिन सुनहरे रंग के कुछ नकारात्मक पहलू भी हैं। सुनहरे रंग के बाल चूंकि यंग लुक देते हैं, ऐसे लोगों को कार्यस्थलों पर अन्य लोगों की तुलना में गंभीरता से नहीं लिया जाता, उन पर भरोसा भी कम किया जाता है। अतः उन्हें खुद को साबित करने के लिए औरों से ज्यादा मेहनत करनी पड़ती है। दूसरी तरफ भूरे और काले बालों का फायदा यह है कि लोग आप पर भरोसा करेंगे। भूरे बाल आप हर संस्कृति और सभ्यता में पाएंगे। (चित्र 4.6) प्राकृतिक रंग होने के कारण भूरे और काले बालों वाली महिलाओं को विश्वासपात्र, आत्मनिर्भर और प्रकृति के नजदीक माना जाता है। एक सर्वे में पाया गया है कि भूरे और काले बालों वाली महिलाओं को लोग अपना राज़दार बनाना ज्यादा पसंद करते हैं और उन्हें सच्चा मित्र भी मानते हैं। साथ ही उन्हें लोग स्मार्ट और आत्मविश्वासी भी मानते हैं।

(चित्र 4.6)

दिन में कई बार कंघी करने से वहां की त्वचा में रक्त परिसंचरण बढ़ जाता है और बालों को पोषण मिलता है। आज के फैशन परस्त युग में समय की कमी होने के कारण बच्चे स्टाइल पर ध्यान देने के चक्कर में बालों की देखभाल और पोषण पर समुचित ध्यान नहीं देते। गीले बालों में कभी कंघी न करें। पतले दांतों वाले कंघे का इस्तेमाल न करें और न ही बालों को खींचकर संवारें। इससे भी बाल कमजोर होते हैं। चूंकि अब लोगों के बाल ज्यादा टूटने लगे हैं, इसलिए चौड़े दांत वाले कंघे का प्रचलन बढ़ गया है।

●●●

5

हाथ-पैर की भाषा एवं डिपोर्टमेंट

विज्ञान के विशेषज्ञों ने हाथ-पैर की विभिन्न गतिविधियों और उनके तात्पर्य पर काफी प्रकाश डाला है, लेकिन अलग-अलग इन हाव-भावों का वर्णन कुछ इस प्रकार का हो जाता है जैसा कि पांच अंधों ने हाथी को देखने के बाद वर्णन किया। पूंछ छूने वाले ने हाथी को रस्सी जैसा बताया, सूंड छूने वाले ने पेड़ के तने जैसा बताया और कान छूने वाले ने पंखा जैसा बताया। सच्चाई यह है कि पूरा हाथी का शरीर इन सबका जोड़ है, मात्र रस्सी, तना या कान जैसा नहीं होता है। इसी प्रकार से दैहिक हाव-भाव के क्षेत्र में अलग-अलग अनुभूतियों को समझने से काम नहीं चलता है, हमें इन सब अनुभूतियों को सम्मिलित रूप में समझना आवश्यक है। हम कैसे खड़े होते हैं, कैसे चलते हैं, कैसे उठते-बैठते हैं, यह सभी गतियां मिलकर डिपोर्टमेंट (Deportment) कहलाती हैं। यह सभी अनुभूतियां मिलकर संपूर्ण व्यक्तित्व का निर्माण करती हैं। सेल्स और मार्केटिंग संबंधी वार्तालापों, शादी के पहले लड़की देखने के मामले में एवं साक्षात्कार के समय आदि कई स्थितियों में दैहिक हाव-भाव का अध्ययन महत्त्वपूर्ण भागीदारी अदा करता है। आइए, अब इनकी विस्तार से चर्चा करें।

(चित्र 5.1)

हाथों में हाथ देना : Gerard I. Nierenberg तथा Henry H. Calero ने लिखा है कि जब एक महिला किसी दूसरी महिला से किसी विपत्ति के समय अंतरंग भावनाओं को प्रस्तुत करना चाहती है तो हाथ मिलाने के स्थान पर अपने हाथों में उसका हाथ लेकर वार्तालाप करती

है। इस समय बातचीत कम से कम होती है और आंखों ही आंखों में सहानुभूति व्यक्त की जाती है (चित्र 5.1)। अकसर इसके तुरंत बाद गले मिलने की प्रक्रिया अपनाई जाती है, किंतु यह हाव-भाव प्रायः दो महिलाओं के बीच ही अपनाया जाता है। जब कोई महिला पुरुष से मिलती है तो यह प्रक्रिया नहीं अपनाई जाती है।

हाथ ऊपर करना और हाथ मिलाना : पुराने जमाने में जब मनुष्य गुफा में रहता था तो दो कबीले के लोगों का आमना-सामना होने पर हाथ ऊपर करके दिखाने की प्रथा थी। यह हाव-भाव प्रदर्शित करता था कि हाथों में किसी प्रकार का अस्त्र या हथियार नहीं है। आजकल भी चलचित्रों में जब एक व्यक्ति दूसरे को हथियार से cover करने के बाद दूसरे व्यक्ति से अस्त्र फेंकने और हाथ ऊपर खड़े करने के लिए कहता है, अकसर यह मुद्रा दिखाई जाती है। फौज में आत्म समर्पण करते समय भी हाथ खड़े करने की मुद्रा अपनाई जाती है। रोमन साम्राज्य में फिर नमस्कार करने की रोमन पद्धति प्रचलित हुई जिसमें हाथों को क्रास करते हुए सीने पर रखने की प्रथा थी। उस समय रोम में दो व्यक्ति एक-दूसरे से परस्पर मिलते समय एक-दूसरे के हाथों को नहीं, बल्कि बांहों को स्पर्श करते थे। बाद में यही प्रथा हाथ-मिलाने की प्रथा में बदल गई। आधुनिक सभ्यता का हाथ मिलाने का तरीका एक प्रकार का स्वागत का भाव प्रकट करता है। इस क्रिया में हथेली का खुला होना व्यक्तित्व के खुलेपन का प्रतीक है और उंगलियों का छूना एकात्मकता का परिचायक है। विभिन्न देशों की संस्कृतियों में हाथ मिलाने की प्रथा में कुछ परिवर्तन मिलते हैं। फ्रांस के लोग कमरे में प्रवेश करते समय और कमरे से बाहर जाते समय दोनों बार हाथ मिलाते हैं, लेकिन जर्मनी के निवासी मिलने पर केवल एक बार ही हाथ मिलाते हैं। कुछ अफ्रीका के निवासी हाथ मिलाने के बाद उंगलियों को हिलाते हैं जो स्वतंत्रता की अभिव्यक्ति है। वहीं कुछ दूसरे देशों में हाथ मिलाने की प्रथा को बुरा माना जाता है। भारत में कई वर्षों से एक-दूसरे से मिलने पर हाथ जोड़कर नमस्ते करने की प्रथा थी और हाथ मिलाना बहुत कम होता था, लेकिन आधुनिक सभ्यता के प्रचलन के साथ भारत में भी अब हाथ मिलाने की प्रथा काफी प्रचलित होती जा रही है। हाथ मिलाने की प्रथा का एक महत्त्वपूर्ण पहलू यह भी है कि इससे हमें सामने वाले के व्यक्तित्व का भी अंदाजा लगता है। हाथों में गर्मी के स्थान पर ठंडेपन का एहसास हो तो इसका मतलब यह है कि सामने वाले व्यक्ति को शायद इस संपर्क से कोई विशेष प्रसन्नता नहीं हुई है। हाथों में अधिक पसीना होना कई बार कैल्सियम की कमी या नर्वसनेस के कारण हो सकती है। कुछ खिलाड़ी, संगीतकार तथा शल्य चिकित्सक अपने हाथों के प्रति अत्यधिक जागरूक और संवेदनशील होते हैं। अतः हाथ मिलाने की स्थिति को टालने की कोशिश करते हैं।

राजनीतिज्ञों का हाथ मिलाना : नेता जब भी चुनाव के पहले जनता से मिलते हैं तो एक विशेष प्रकार की हाथ मिलाने की प्रक्रिया अपनाते हैं, जिसमें वे अपने दोनों हाथों का प्रयोग करते हैं। वे प्रायः अपने दाहिने हाथ से दूसरे व्यक्ति के दाहिने हाथ को मिलाकर पुनः अपने बाएं हाथ से घेर देते हैं (चित्र 5.2)। अकसर भावनाओं को और अधिक अंतरंग बनाने की प्रक्रिया में हाथ मिलाते समय अपने बाएं हाथ से दूसरे व्यक्ति के दाहिने बांह या दाहिने कंधे को पकड़ लिया जाता

(चित्र 5.2)

है। दो बहुत करीबी दोस्तों के मिलने पर इस प्रकार की भंगिमा तो स्वीकार्य है, किंतु यदि हम दूसरे व्यक्ति से बहुत अधिक करीबी और अंतरंग नहीं हैं तो इस प्रकार से हाथ मिलाने की कोशिश जबरदस्ती का थोपना अनुभव हो सकता है। अतः विक्रय प्रतिनिधियों को इस बात का ध्यान रखना चाहिए, नए व्यक्ति से मिलते समय पहले यदि आंखों-आंखों में कुछ हद तक स्वीकृति की भावना का उदय नहीं हुआ है तो हाथ मिलाने की जबरदस्ती नहीं करनी चाहिए, इसका विपरीत प्रभाव पड़ सकता है। एक बात और समझनी जरूरी है कि दूसरे व्यक्ति के मन में परिस्थिति के अनुसार कई प्रकार की भावनाएं तैर रही होंगी। अतः उसके चेहरे के मनोभावों और हाथ मिलाने तथा चलने के तरीके के आधार पर तुरंत निर्णय न लें। दूसरे व्यक्ति के और अधिक पहलुओं को समझने की चेष्टा करनी चाहिए।

हाथ मिलाते समय कोई व्यक्ति अपने हाथों की हथेलियों को खड़ा रखता है या नीचे-ऊपर की तरफ रखता है। यह मुद्रा उसके व्यक्तित्व की समानता, श्रेष्ठता या अधीनता की भावना को प्रस्तुत करती है, यह तो जगजाहिर है, लेकिन इसके अलावा भी हाथों की विभिन्न मुद्राएं कई प्रकार के संदेश देती हैं।

हाथों की मुद्रा और व्यक्तित्व का खुलापन, रक्षात्मकता या छिपाव : प्रायः बातचीत के समय हथेली को ऊपर की तरफ खुला रखना मनःस्थिति के खुलेपन को दर्शाता है। कभी कभी इसी के साथ कंधे को झटकने की प्रक्रिया भी अपनाई जा सकती है। (चित्र 5.3) शायद आपने ध्यान दिया होगा कि छोटे बच्चे जब अपने किसी अच्छे कार्य को करने की खबर सुनाते हैं तो वे अपने हाथ खुले रखते हैं। इसके विपरीत जब वे अपनी कोई गलती महसूस करते हैं या किसी परिस्थिति के प्रति संदेहास्पद रहते हैं तो या तो अपने हाथों को अपनी जेब में डाल लेते हैं या पीछे पीठ की तरफ कर लेते हैं।

(चित्र 5.3)

कोट के बटन खुले या बंद रखना : जो व्यक्ति खुले मन वाले हैं या आपके प्रति मैत्रीपूर्ण हैं, अकसर बातचीत के समय कोट के बटन खोल लेते हैं या कोट को पूरी तरह से उतार देते हैं। दूसरी तरफ कोट के बटन बंद रहना औपचारिकता की भावना का परिचायक है। यदि आप ध्यान से देखें तो पाएंगे कि वार्तालाप के समय मौसम चाहे कितना भी गरम हो, यदि समझौते और सहमति की स्थिति करीब न आ रही हो तो व्यापारियों के कोट के बटन बंद रहेंगे। एक परिवार में शादी के तुरंत बाद की 'At Home' पार्टी में नववधू से कहा गया कि वह उपस्थित व्यक्तियों में से परिवार के सदस्यों तथा मित्रों को दैहिक भाषा के आधार पर पहचानने की कोशिश करे। उसने कोट के बटन खुले होने और बंद होने के आधार पर निर्णय लिया और दस में से आठ मामलों में उसका निर्णय सही था। चार्ल्स डार्विन ने तो इतना तक कहा है कि अधिकांश जंतु शत्रुओं के पास आने पर उनसे बचने

के लिए अपनी पीठ के बल लेट जाते हैं और पेट की तरफ की मुलायम त्वचा और गर्दन को दिखाकर अधीनता और खुलेपन का इजहार करके अपनी जान बचा लेते हैं। डॉ. लियान स्मिथ नामक मनोवैज्ञानिक ने इस संबंध में अपना एक संस्मरण इस प्रकार दिया है–जब एक भेड़िया गुस्से से गुर्रा रहा था तो उन्होंने पीठ के बल लेट कर अपनी गर्दन सामने कर दी। भेड़िए ने अपने दांतों से उनकी गर्दन को छुआ। एक क्षण के लिए तो डर के मारे उनकी सांसें रुक गईं। लेकिन उसके बाद भेड़िए ने उन्हें काटा नहीं, छोड़ दिया।

हाथों को छाती पर बांधने की भंगिमा : चार्ल्स डार्विन ने लिखा है कि सारी दुनिया में रोजमर्रा की जिन्दगी में हाथों को आर-पार क्रास करके छाती पर बांधने की मुद्रा बचाव की भावना को प्रस्तुत करती है। शिक्षक अकसर जब सहयोगियों या वरिष्ठ सहयोगियों के समूह के बीच में हों या डॉक्टर जब कई अन्य डॉक्टरों के समूह के बीच हों तो वार्तालाप के समय यह मुद्रा अख्तियार करते हैं। छोटे बच्चे जब कभी भी माता-पिता के द्वारा दिए जा रहे सुझावों से सहमत न हों तो इस प्रकार से हाथों को क्रास कर लेते हैं। इस प्रकार से क्रास करने में भी दो प्रकार हैं–या तो हथेली से दूसरे हाथ की कुहनी के तुरंत ऊपर का हिस्सा दबा लिया जाता है (चित्र 5.4 एवं 5.5) या हथेलियां कुहनी से ऊपर के हिस्से से बाहर की ओर

(चित्र 5.4 एवं 5.5)

रखी जाती हैं। कुहनी के तुरंत ऊपर के हिस्से का दबाना किसी प्रकार के तनाव का परिचायक हो सकता है। महिलाओं में हाथ क्रास करने की स्थिति पुरुषों की तुलना में सीने से कुछ नीचे की ओर होती है (चित्र 5.6)।

(चित्र 5.6)

हाथों को पीठ पर बांधने की भंगिमा : हाथों को मोड़कर पीछे पीठ पर बांधने की भंगिमा कुछ अलग ही प्रकार के मनोभावों को प्रस्तुत करते हैं। पीठ के ऊपरी हिस्से पर हाथों का बांधना जहां प्रभुत्व की भावना की प्रस्तुति है, वहीं पीठ के नीचे के हिस्से में हाथों का बांधना अधीनता की स्वीकृति का परिचायक है।

हाथों की भंगिमाएं एवं मूल्यांकन : हाथों की कई प्रकार की भंगिमाएं एवं आंखों और चेहरे की चमक मूल्यांकन या Evaluation के विभिन्न रूपों को प्रस्तुत करती है। पलकों को झपकाने की रफ्तार भी सामान्य से कम या अधिक हो जाती है। कक्षा में या सेमीनार में तन्मयता से सुनते समय कुछ लोगों का सिर भी एक तरफ को झुक जाता है (चित्र 5.7)। वार्तालाप के समय यदि कोई व्यक्ति चश्मा निकाल कर उसका

(चित्र 5.7)

(चित्र 5.8)

पिछला सिरा थोड़ी देर के लिए मुंह में ले लेता है तो इसका मतलब यह है कि वह आपसे और अधिक जानकारी चाहता है और सोच-विचार के बाद हां करने के मूड में है (चित्र 5.8)। किंतु कभी-कभी कुछ लोग बातचीत के समय

(चित्र 5.9)

चश्मे को नाक पर थोड़ा खिसका लेते हैं (चित्र 5.9)। वैसे तो यह भी मूल्यांकन की ही एक भंगिमा है, लेकिन दूसरा व्यक्ति कभी-कभी इससे नकारात्मक संदेश प्राप्त कर सकता है। अतः अधिकारियों को इस भंगिमा को avoid करना चाहिए।

(चित्र 5.10)

नाक के बीच का हिस्सा छूना : कभी-कभी व्यक्ति जब बड़ी ही गंभीरता से सोचने लगे तो आंखें बंद करके, सिर झुकाकर हाथों की उंगलियों से नाक के बीच का हिस्सा पकड़ लेता है (चित्र 5.10)। बातचीत के समय ऐसी परिस्थिति आने पर दूसरे व्यक्ति को थोड़ी देर इंतजार कर लेना चाहिए और उस व्यक्ति की सोचने की प्रक्रिया को तोड़ना नहीं चाहिए। हाथों की हथेली को खड़ा करके हिलाना जहां विदाई या मिलन के समय भावनाओं के आदान-प्रदान के लिए इस्तेमाल किया जाता है, वहीं एक ही स्थान पर हथेली को खड़ा रखना रुकने का संकेत देता है। अंगूठा दिखाना भारतीय परंपरा में चिढ़ाने के लिए प्रयोग होता है, लेकिन विदेशों में यह विजयी होने की भावना को व्यक्त करने के लिए प्रयोग किया जाता है। कुछ देशों में सौभाग्य की शुभकामना या Best of Luck की भावना को प्रस्तुत करने के लिए भी अंगूठा दिखाया जाता है। अपने दोनों हाथों की उंगलियों को एक-दूसरे में बांधना (Steepling) भी कई प्रकार के संदेश देता है। अधिकांश मामलों में

(चित्र 5.11)

हाथों की जकड़ी हुई स्थिति यदि पेट या सीने के सामने हो तो यह Confidence या Authoritative की स्थिति प्रदर्शित करता है। लेकिन Allen Pease नामक हावभाव की भाषा (Kinesics) के वैज्ञानिक कहते हैं कि कभी-कभी अपनी हार एवं निराशा (Frustration) का वर्णन करते समय भी यह pose लिया जा सकता है (चित्र 5.11)। हाथों की जकड़ी स्थिति (Clenched position) यदि Lower position में हो तो यह Subordination acceptance की भावना प्रदर्शित करता है। कभी-कभी कुछ व्यक्ति थकान मिटाने की भावना से अपनी दोनों हाथों की उंगलियों की Steepling हथेलियों के पीछे के हिस्से की तरफ से करते हुए भी दिखाई दे जाते हैं। हथेली खुजलाने की भंगिमा कुछ पाने की उम्मीद की भावना की प्रस्तुति है। हाथ की हथेली से गालों को दबाना बोरियत का परिचायक है (चित्र 5.12)।

(चित्र 5.12)

पैरों की स्थितियां, गतियां और प्रचलन : कुर्सी के एक हत्थे के ऊपर एक टांग रखकर बैठने की मुद्रा से पहली नजर में तो यह आभास होता है कि यह एक आरामदायक स्थिति है जिसके द्वारा एक व्यक्ति कुछ हद तक खुलेपन और सहयोग की भावना को व्यक्त करता है, लेकिन यदि हम चेहरे के भावों पर ध्यान दें तो इसके साथ ही वह असहयोग और Non-cooperative होने की भावना भी व्यक्त कर रहा है (चित्र 5.13)। कुछ ऐसी ही स्थिति कुर्सी की पीठ को आगे की तरफ करके बैठने की मुद्रा भी है। अधिकांश मामले में यह Superior subordinate की स्थिति में होता है। यह व्यक्ति कुछ हद तक प्रभुता एवं आक्रामकता की भावना भी व्यक्त कर रहा है (चित्र 5.14)।

(चित्र 5.13)

(चित्र 5.14)

हर आदमी के चलने की स्टाइल और रफ्तार अलग-अलग होती है और चलने की स्टाइल के आधार पर भी कई प्रकार के संदेश प्राप्त होते हैं। मनोवैज्ञानिकों का मानना है कि जो लोग तेज चलते हैं और चलते समय बांहों को स्वतंत्रतापूर्वक आगे-पीछे झूलने देते हैं, वे अपने लक्ष्य को पाने के लिए समर्पित होते हैं। इसके विपरीत जिन लोगों को चलते समय हाथों को जेब में बंद रखने की आदत होती है, वे विश्लेषणात्मकता एवं रहस्यात्मकता की भावना लिए रहते हैं और अविश्वसनीय होते हैं (चित्र 5.15)।

कुछ लोगों की चाल ऊर्जा और स्फूर्ति से भरपूर होती है जो उनके व्यक्तित्व की जीवंतता की परिचायक है। सेंट विंसटन चर्चिल की चाल बहुत मशहूर है। भारत में महात्मा गांधी और पंडित जवाहरलाल नेहरू भी काफी तेज रफ्तार में चलते थे। तेज रफ्तार के साथ ही कुछ लोग चलते समय

(चित्र 5.15)

अपने Hip पर दोनों हाथ रखे रहते हैं (चित्र 5.16)। ऐसे व्यक्ति कम से कम समय में कम दूरी तय करके अपने लक्ष्य तक पहुंचना चाहते हैं। कुछ लोग अपने आप से संतुष्ट और प्रदर्शनप्रिय होते हैं। उनके चलते समय मुट्ठी थोड़ी-सी ऊपर उठी हुई, बांहें सामान्य से ज्यादा झूलती हुईं, पैर कुछ हद तक Stiff और पगचाप भी calculated होती है (चित्र 5.17)। प्रसिद्ध नेता बेनिटो मुसोलिनी की चाल कुछ ऐसी ही थी। कुछ लोगों के चलते समय जूते-चप्पल फर्श से रगड़ खाते और आवाज करते रहते हैं। यह फूहड़ता का परिचायक है। जीवन में सफल होने के इच्छुक युवाओं को चाहिए कि वे अपने आसपास के समाज में सफल एवं सभ्य कहे जाने वाले व्यक्तियों की चाल, उठने-बैठने, खड़े होने और बातचीत करने की स्टाइल को ध्यान से देखें, किंतु उसकी नकल करके अपने व्यक्तित्व को उपहासास्पद न बनाएं। अपने स्वयं के व्यक्तित्व की अच्छाइयों को प्राकृतिक और नैसर्गिक ढंग से विकसित होने दीजिए। ऊपर से किसी लक्षण को अपने ऊपर मास्क की तरह मत ओढ़िए।

(चित्र 5.16)

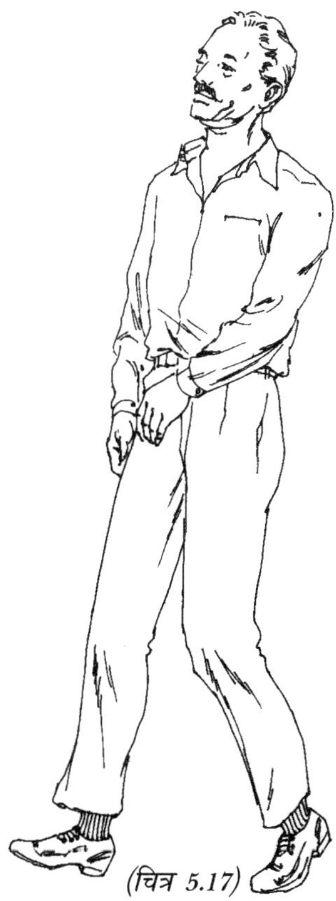

(चित्र 5.17)

●●●

6

सवाल झूठे सच और सच्चे झूठ का

दादी, नानी से बचपन में आपने भी एक कहानी सुनी होगी। एक राजा था। उसके पास एक बहुत सुंदर हाथी था जो राजा को बहुत पसंद था। राजा ने अपने एक नौकर को बुलाकर कहा–"तुम इस हाथी की बहुत अच्छी तरह से देखभाल करो। जितना भी खर्च आएगा मैं दूंगा, लेकिन हाथी के मरने की खबर यदि तुमने सुनाई तो तुम्हें फांसी की सजा दे दी जाएगी।" वह नौकर बड़ी मेहनत और निष्ठापूर्वक हाथी की देखभाल करता रहा, लेकिन फिर भी एक दिन हाथी मर गया। वह नौकर आकर राजा से बोला–"महाराज! आपका हाथी कल से अजीब-सी बीमारी से ग्रस्त हो गया है, वह न खाना खाता है न पानी पीता है, किसी के पास आने पर वह चिग्घाड़ता भी नहीं है। वह न सोता है न जागता है।" राज ने घबड़ा कर पूछा–"क्या हाथी मर गया"? नौकर बोला कि महाराज! आप ही अपने मुंह से कह रहे हैं, मैं भला कैसे कह सकता हूं। उसके इस जवाब से नौकर की जान बच गई। इस कहानी में यदि नौकर ने सीधे-सीधे सच कह दिया होता तो उसे फांसी की सजा मिली होती। अतः यह एक सच्चे झूठ का उदाहरण है। बात तब की है, जब मैं 1972-73 में काशी हिन्दू विश्वविद्यालय में अस्थायी प्रवक्ता के पद पर कार्य कर रहा था। एक दिन दोपहर की चाय के समय विभाग के एक वरिष्ठ प्रोफेसर डॉ. पी.एस. राममूर्ति ने पूछा–"तो मिस्टर श्रीवास्तव! आपके गो.वि.वि. के विभाग और यहां के विभाग में आपको क्या अंतर मिला?" मैंने उत्तर दिया–"क्षमा करें महोदय! वहां के विभाग में मैं छात्र था तो शिक्षकों का दृष्टिकोण मुझे मालूम नहीं, यहां के विभाग में मैं शिक्षक हूं तो विद्यार्थियों का दृष्टिकोण मुझे नहीं पता। अतः मैं दोनों की तुलना नहीं कर सकता।" उन्होंने कहा–"यह बुद्धिमत्तापूर्ण उत्तर है।" यह एक झूठा सच था। इन दोनों उदाहरणों से एक बहुत महत्त्वपूर्ण शिक्षा मिलती है। सच और झूठ दोनों परस्पर विरोधी नहीं, एक-दूसरे के पूरक हैं और एक ही सिक्के के दो पहलू हैं। जीवन में कई अवसरों पर सच के स्थान पर आंशिक सच या झूठ भी बोलना पड़ता है। झूठ बोलते समय हमारी दैहिक भाषा हमारे झूठ की

चुगली कर डालती है, अतः व्यापारिक सम्प्रेषणों में जरूरत पड़ने पर झूठ बोलते समय हमें अपने दैहिक भाषा द्वारा व्यक्त होने वाले झूठ को छिपाना भी आवश्यक है। दूसरी तरफ, दूसरों की कही हुई बात में झूठ को समझते समय उनकी दैहिक भाषा को समझना भी आवश्यक है। अपनी लड़की की शादी की बातचीत करते समय सामूहिक परिचर्चा, साक्षात्कार के समय एवं व्यापारिक प्रस्तुतियों के समय सच और झूठ का सामंजस्य अत्यन्त आवश्यक है। इसीलिए झूठ बोलते समय दैहिक भाषा में होने वाले परिवर्तनों का अध्ययन बहुत महत्त्वपूर्ण है। सच बोलते समय हम आंखों में आंखें डालकर बात करते हैं। उस समय आंखों में सच्चाई की चमक मौजूद रहती है, लेकिन झूठ बोलते समय हम बगलें झांकते हैं और नजरें बाईं या दाईं तरफ रहती हैं। कभी-कभी झूठ बोलते समय पलकें झपकने की रफ्तार थोड़ी देर के लिए अनायास ही बढ़ जाती है। झूठ पकड़े जाने पर दूसरा व्यक्ति थोड़ी देर के लिए नजरें झुका लेता है। पता नहीं पुराने जमाने में किस राजकुमार या राजकुमारी को झूठ बोलने पर काले कौए ने काटा था, किंतु यह किंवदन्ती मशहूर है कि झूठ बोले कौआ काटे, काले कौए से डरियो। अपराध विज्ञान में झूठ बोलना जांचने वाली मशीन अर्थात Lie detector आज भी प्रयोग किया जाता है, जिसमें अभियुक्त के दिल की धड़कन नापी जाती है। ऐसा माना जाता है कि झूठ बोलने के बाद दिल की धड़कन थोड़ी-सी बढ़ जाती है। इक्कीसवीं सदी में पहले की तुलना में महिलाओं की स्थिति में काफी परिवर्तन हुआ है। घर की चहारदीवारी से बाहर निकल कर आज अधिकांश महिलाओं की गृहिणी की स्थिति के अलावा अपना एक कैरियर भी है। फिर भी आज भी जब आप अपनी लड़की की शादी की बात करने लड़के वालों के घर जाते हैं तो लड़का यदि सांवला हो तो भी लड़के वालों की पहली अपेक्षा यही रहती है कि लड़की को सुंदर होना ही चाहिए। उसके गुण, पढ़ाई-लिखाई और योग्यता आदि सभी तथ्यों का वर्णन दूसरे नंबर पर आता है। ऐसी स्थिति में आप झूठ या सच का कितना अंश इस्तेमाल करें, यह महत्त्वपूर्ण हो जाता है। आपको कुछ इस तरह से कहना पड़ेगा कि—"मेरी लड़की सुशील, पढ़ी-लिखी, लंबी, दुबली-पतली, Convent में पढ़ी हुई, Smart और आकर्षक है, रंग गेंहुआ है (यह नहीं कहना है कि रंग सांवला है), घरेलू काम-काज एवं खाना बनाने आदि सभी कलाओं में निपुण है," कुछ इसी तरह से बायोडाटा में भी आपको अपनी अच्छाइयों को Highlight करना और कमियों को भी बताना है, लेकिन नपे-तुले संतुलित शब्दों में। आपको नौकरी के साक्षात्कार के समय सफेद झूठ नहीं बोलना है। आप यदि क्रिकेट की जानकारी नहीं रखते तो झूठ-मूठ में हाबी के कालम में क्रिकेट मत लिखिए, लेकिन फिर भी आपको अपनी अच्छाइयों को थोड़ा

अधिक महत्त्व देते हुए, कमियों को ढकते हुए अपने आपको इस प्रकार से प्रोजेक्ट करना है कि आप औरों से बेहतर प्रतीत हों। कोई भी सच शाश्वत सत्य नहीं है सिर्फ अर्ध सत्य है। प्रश्न सच और झूठ का नहीं है, प्रश्न सकारात्मक या नकारात्मक विचारधारा का है। एक मेज पर एक गिलास में आधा गिलास पानी रखा हुआ है। सकारात्मक विचारधारा वाला व्यक्ति कहेगा कि यह गिलास आधा भरा हुआ है। नकारात्मक विचारधारा वाला व्यक्ति कहेगा कि यह गिलास आधा खाली है। दोनों वक्तव्य एक-दूसरे के विरोधी प्रतीत होते हैं, लेकिन वे दोनों ही सच हैं। यहां दोनों वक्तव्य एक-दूसरे के विरोधी (Contradictory) नहीं पूरक या Complementary हैं। महाभारत में गांधारी अपने बेटे दुर्योधन से कहती है कि तुम अपने सभी वस्त्रों को उतार कर मेरे पास आओ, उद्देश्य यह था कि गांधारी के एक बार निहारने से दुर्योधन का शरीर वज्र के समान मजबूत हो जाता। नदी में नहाकर लौटते समय उनकी मुलाकात कृष्ण से होती है। कृष्ण के मन में तुरंत विचार कौंध जाता है और वे दुर्योधन से कहते हैं–अरे! भ्राताश्री, आप इस प्रकार नंगे होकर माता के दर्शन करने जाएंगे? वे कच्छा पहन लेते हैं। परिणाम आप सबको मालूम है। गदा युद्ध के समय कृष्ण अपनी दोनों जांघों पर हाथ पीट-पीट कर भीम को इशारा कर देते हैं तो वे दुर्योधन की जांघ पर ही गदा का प्रहार कर देते हैं। परिणामस्वरूप दुर्योधन की मौत हो जाती है। ऑफिस में भी आज आपको यदि तरक्की पानी है तो थोड़ी मात्रा में अपने बास की चमचागीरी करनी ही होगी। स्पष्ट वक्ता और Outspoken होना आपकी प्रगति में बाधक हो सकता है। आज के चालीस वर्ष पहले कासाबिआन्का की कहानी में वह अपने पिता की प्रतीक्षा में जलते जहाज पर जल कर मर गया था तो उसकी तारीफ हुई थी। लेकिन वर्तमान परिप्रेक्ष्य में कूद कर जान न बचाने के लिए कासाबिआन्का को बेवकूफ ही माना जाएगा। अतः देश, काल और परिस्थिति के अनुसार सच और झूठ की परिभाषा और मर्यादा बदल जाती है।

दुनिया में दैहिक भाषा का सबसे पहले अध्ययन करने वाले मनोवैज्ञानिक एलेन पीज ने कहा है कि जब कभी भी हमसे कोई गलत काम हो जाता है तो हमारे चेहरे पर और आंखों में डर की परछाइयां साफ झलकने लगती हैं। यदि कोई पांच-सात वर्ष का बच्चा झूठ बोलता है तो उस पर एक मनोवैज्ञानिक दबाव सा पड़ता है। उसका मन यह जानता है कि उसने झूठ बोलकर बहुत बड़ी भूल की है। अपनी जबान से वह इस भूल को स्वीकार नहीं करता, परंतु झूठ का ख्याल आते ही वह बच्चा झट से अपने दोनों हाथों से अपने मुंह को ढक लेता है। एक बड़ी मजेदार बात यह भी है कि बच्चे, किशोर और वयस्क की शारीरिक भाषा में

भी अंतर होता है। छोटे बच्चे अपने दोनों हाथों से पूरा मुंह ढक लेते हैं। झूठ बोलने की भंगिमा को छिपाने के लिए एक किशोर या किशोरी भी मुंह ढकते हैं, लेकिन इस प्रयत्न में एक हाथ की केवल दो उंगलियां हिस्सा लेती हैं। दूसरी तरफ, एक वयस्क द्वारा बोले गए झूठ को छिपाने की कोशिश में मात्र एक उंगली हिस्सा लेती है। गांधी जी के तीन बंदर Body Language के तीन रहस्यों को खोलते हैं—बुरा मत देखो, बुरा मत सुनो और बुरा मत कहो। कुछ इससे मिलती-जुलती हरकत हमारे घरों में छोटे बच्चे अकसर अपना झूठ छिपाने के लिए तथा बड़े लोग भी विभिन्न अवसरों पर करते हैं। झूठ छिपाने की भावना को छोटे बच्चे, किशोर तथा वयस्क अलग-अलग तरीकों से व्यक्त करते हैं।

मुंह ढकना : इस भंगिमा (Gesture) में व्यक्ति हाथों के कुछ हिस्से से मुंह ढक लेते हैं और अंगूठे से गालों को थोड़ा-सा दबाते हैं। शायद मस्तिष्क अवचेतन में ही बोले जाने वाले झूठ को दबाने की कोशिश करता है। कभी मुंह ढकना Evaluation

मुंह ढकना

किशोरी

वयस्क

gesture भी होता है, किंतु उसमें आंखों के भाव अलग होते हैं। एक व्यक्ति जब कुछ बोलते समय इस भंगिमा को प्रदर्शित करता है तो यह इंगित करता है कि वह झूठ बोल रहा है, किंतु जब आप कुछ बोल रहे हों और सुनने वाला यह Gesture प्रदर्शित करे तो इसका मतलब यह है कि वह महसूस कर रहा है कि शायद आप झूठ बोल रहे हैं।

नाक छूना : मनोवैज्ञानिकों के अनुसार नाक छूना भी मुंह ढकने की भाव-भंगिमा का ही एक परिष्कृत रूप है। इसके अंतर्गत केवल एक बार या कई बार नाक का स्पर्श किया जा सकता है। विश्व में Body language के विशेषज्ञों में Allan Pease का स्थान महत्त्वपूर्ण है। इसके अलावा Heinrich Hanau Publications, London से प्रकाशित Gerald I. Nierenberg and Henry H. Calero की लिखी हुई पुस्तक How to read a Person like a Book भी अपने आपमें Kinesics के क्षेत्र में एक मील का पत्थर है। नाक छूने की एक व्याख्या यह है कि जैसे ही मन में नकारात्मक भावनाएं प्रवेश करती हैं, अवचेतन हाथों को मुंह ढकने के लिए प्रेरित करता है, किंतु अंतिम क्षणों में यह भाव प्रकट न होने पाए, इस कोशिश में हाथ चेहरे से खींच लिया जाता है जिसमें नाक का स्पर्श हो जाता है। लेकिन जुकाम के कारण नाक में जलन हो रही हो तो उस समय के नाक रगड़ने के भाव को इस भाव के साथ मिश्रित नहीं किया जाना चाहिए।

आंख रगड़ने की भाव-भंगिमा : गांधी जी के बंदर ने बुरा मत देखो का संदेश दिया था। इसी से मिलता-जुलता आंख रगड़ने का Gesture शायद दिमाग की इस कोशिश से उपजता है कि हम जो कुछ भी शक, शुबहा या झूठ देख रहे हों उसमें कुछ क्षण के लिए रुकावट आ जाए। यह भाव दोनों स्थितियों में हो सकता है–चाहे वह व्यक्ति खुद बोलते

समय अपने झूठ को छिपाना चाह रहा हो या दूसरे के द्वारा बोले जाने वाले झूठ को avoid करने की कोशिश कर रहा हो। महिलाएं इस भाव-भंगिमा की प्रस्तुति में अकसर फर्श की तरफ या छत की ओर निहारने लगती हैं।

कान खुजलाना : कान खुजलाने की कोशिश शायद बुरा न सुनने की भावना की प्रस्तुति है। छोटे बच्चे की कभी इच्छा न हो और हम उन्हें जबरदस्ती कोई आदेश देने की कोशिश करें तो वे कभी-कभी अपने दोनों हाथों से कान ढक लेते हैं या दोनों कान में उंगली डालकर बंद कर लेते हैं। अनजाने में ही हम लोग भी कभी-कभी अवचेतन की इस भावना के तहत कान के नीचे की जगह पर खुजलाने लगते हैं या पिछले हिस्से की तरफ से कान को आगे की ओर मोड़कर कान का छेद बंद करने या कान में स्क्रू की भांति उंगली डालने की कोशिश करते हैं। यह इस बात का संदेश है कि सुनने वाला अब बहुत कुछ सुन चुका है और अब कुछ अपनी बात भी कहना चाहता है।

गर्दन खुजलाना : इस Action में लिखने वाले हाथ की पहली उंगली से कान के नीचे या गर्दन पर प्रायः पांच बार खुजलाया जाता है। यह शक या अनिश्चय की भावना को प्रदर्शित करता है। अकसर जब आदमी कुछ और कह रहा हो, लेकिन अंदर से इस बात से सहमत न हो तब यह Gesture प्रदर्शित करता है।

कालर खींचना : डेस्मांड मॉरिस नामक मनोवैज्ञानिक की यह धारणा है कि झूठ बोलते समय चेहरे और गर्दन की मांसपेशियों और नाड़ियों में एक प्रकार की जलन उत्पन्न होती है जिससे छुटकारा पाने के लिए व्यक्ति अपना कालर खींच कर गर्दन को खुजलाने की कोशिश करता है। इस प्रकार हम देखते हैं कि जाने-अनजाने कई बार हमारे मन में उठने वाली भावनाएं हाव-भाव के द्वारा न चाहते हुए भी व्यक्त हो जाती हैं और इस विषय की जानकारी रखने वाला व्यक्ति दूसरे के मनोभावों को पढ़ लेता है।

उम्र बढ़ने के साथ झूठ से डरने की भावना में कमी होती जाती है। तीनों स्थितियों में आंख के Expressions अलग-अलग किस्म के होते हैं, अतः तीनों आयु वर्गों में एक ही भावना की अनुभूति का प्रस्तुतीकरण अलग-अलग ढंग से होता है। वकील, नेता और अभिनेता बड़ी खूबसूरती से अपने चेहरे के मनोभावों और शारीरिक भाषा को नियंत्रित कर लेते हैं। अतः उनके झूठ को पकड़ पाना मुश्किल होता है। फिल्म अभिनेता प्राण और प्रेम चोपड़ा ने पर्दे पर ज्यादातर खलनायक का रोल किया, लेकिन वास्तविक जीवन में इसके विपरीत वे दोनों ही एक सरल, सहृदय और सच्चे इनसान हैं। अतः दूसरों के झूठ को पकड़ने के लिए हमें शारीरिक भाषा के ज्ञान को बहुत गहराई से जानना होगा। जब भी आप अपने सामने खड़े किसी व्यक्ति की दैहिक भाषा पढ़ना चाहते हैं तो इन बातों पर ध्यान दें—यदि वह झूठ बोल रहा है तो उसके होंठों पर हलकी-सी हंसी की लकीर फूटती है। इस हंसी में फीकापन होता है। आंखों में चमक नहीं होगी, बल्कि आंखों की पुतलियां उस हंसी के साथ घूमती हैं और उसके होंठ कुछ धीरे-धीरे इस प्रकार हिलते हैं जैसे कांप रहे हों, आंखों और भौंहों में कुछ तनाव-सा आ जाता है। यदि ये सभी लक्षण इस व्यक्ति में प्रकट हो रहे हों तो समझ लीजिए कि वह आदमी झूठ बोल रहा है, मगर उसके झूठ बोलने का अंदाज कुछ ऐसा है कि वह आपको अपनी इस फीकी हंसी के जाल में फंसा लेना चाहता है, दैहिक भाषा के मामले में एक मजेदार बात यह है कि दाहिने हाथ के अंगूठे को ऊपर करके दिखाना अच्छे का सूचक है, जबकि बाएं हाथ की सबसे छोटी उंगली बुरे का सूचक है।

●●●

7

वस्त्र, आभूषण एवं मेकअप

दैहिक भाषा का मतलब सिर्फ आंख, कान, नाक, हाथ, पैर की बनावट और उठना-बैठना, खड़े होना एवं चलना (Deportment) ही नहीं है। इसके अलावा संपूर्ण व्यक्तित्व और उसके प्रस्तुतिकरण के मामले में वस्त्र, आभूषण और मेकअप का भी बहुत महत्त्वपूर्ण योगदान होता है। सामान्य व्यवहार में तो पता नहीं चलता, लेकिन आप में से शायद बहुत कम लोगों को पता होगा कि फिल्मों की शूटिंग के समय कई बार पुरुष अभिनेताओं को भी प्राकृतिक रंग का हलका-सा लिपस्टिक लगाया जाता है। पुरुषों और महिलाओं दोनों के लिए देश, काल और परिस्थिति के अनुसार वस्त्र, आभूषण और मेकअप के अलग-अलग मापदंड हैं। आप में से अधिकांश व्यक्तियों ने ध्यान दिया होगा कि बाथरूम स्लीपर या चमड़े का चप्पल पहनने, सैंडिल पहनने, खेलकूद वाले सफेद कपड़े के जूते पहनने, फीते वाले और बगैर फीते वाले चमड़े के जूते पहनने के समय अलग-अलग प्रकार की अनुभूति होती है। इसी प्रकार से महिलाओं में भी चपटे चप्पल, प्लेटफार्म, पेंसिल हील की सैंडिल या वैली पहनने में चाल बदल जाती है। जाड़े के दिनों में आप पूरी आस्तीन का स्वेटर, बंद गले का कोट, खुले गले का ब्लेजर कोट और पैंट या टाई के साथ सूट पहनते हैं तो आपको भी कुछ अलग-अलग प्रकार की अनुभूतियां होती हैं और देखने वाले के ऊपर भी आपके व्यक्तित्व एवं दैहिक भाषा का अलग-अलग प्रभाव पड़ता है। आप कुर्ता-पाजामा, टी शर्ट, हाफ पैंट या आधी या पूरी आस्तीन की कमीज और पैंट पहने हों तो आपको भी अलग प्रकार की अनुभूति होगी और दूसरों पर भी आपका प्रभाव अलग-अलग होगा। खेत में काम करते समय धोती–कुर्ता या कुर्ता-पाजामा ही उपयुक्त ड्रेस है और किसी कार्यालय में काम करते समय के लिए टाई बेल्ट के साथ कोट-पैंट या सूट-बूट ही उपयुक्त पोशाक है। इसी प्रकार से रात के समय सोने और घर के अंदर आराम के समय की कैजुअल ड्रेस अलग होती है और Business meetings के लिए निर्धारित पोशाक अलग होती है। इसका तात्पर्य यह नहीं कि आप महंगे पोशाक, महंगे जूते-चप्पल और हीरे

या प्लैटिनम के गहने पहनें। बात सिर्फ यह है कि आपके कपड़े ठीक से सिले हुए, अच्छी तरह से धुले और प्रेस किए हुए हों तथा मौसम और अवसर के अनुकूल हों। इसीलिए गर्म जलवायु वाले देशों में और गर्मी के मौसम में हलके रंग के कपड़े जो सूरज की गर्मी को परावर्तित कर वायुमंडल में वापस कर देते हैं, पहनने में अधिक आरामदायक लगते हैं। इसके विपरीत जाड़े के दिनों में गाढ़े रंग के कपड़े सूरज की गर्मी अवशोषित कर लेने के कारण पहनने में अधिक आरामदायक होते हैं। इसी प्रकार से गर्मी के दिनों में थोड़े ढीले-ढाले कपड़े अधिक पसंद किए जाते हैं। इसीलिए आपने ध्यान दिया होगा कि गर्मी से बचने के लिए मुसलमान महिलाओं में ढीले-ढाले गरारा, शरारा जैसे वस्त्रों का प्रचलन ज्यादा है। अरब देशों में सूरज की तेज धूप से सुरक्षा के लिए ही मुसलमान महिलाएं नकाब और ऐसी पोशाकें पहनती हैं जिनसे शरीर का ज्यादा से ज्यादा हिस्सा ढका रहता है। इसीलिए पश्चिम बंगाल, दक्षिण भारत और उत्तर भारत की महिलाओं की साड़ी बांधने की स्टाइल अलग-अलग है। अरब देशों के अमीरों का चोगा और अफगानिस्तान के पठान लोगों द्वारा पहने जाने वाले पठान सूट भी गर्म जलवायु के अनुकूल हैं। पंजाबी महिलाएं जाड़ा, गर्मी, बरसात आदि के बारहों महीने सलवार-सूट पहनती हैं जिसमें रोजमर्रा के कामों को करने में भी आसानी रहती है और शरीर का अधिकांश हिस्सा कपड़े से ढका होने के कारण गर्म और ठंडी दोनों प्रकार की हवा के झोंकों से बचाते हैं। विदेशों में अधिकांश महिलाएं घरेलू कामों के साथ-साथ आफिस में भी काम करती हैं इसलिए उनके लिए स्कर्ट-टाप, स्टाकिंग्स एवं दस्ताने युक्त पोशाक अधिक उपयुक्त होती है। इसीलिए हिंदुस्तान में भी आज के तीस-चालीस वर्ष पहले सादा जीवन उच्च विचार (Simple Living and High Thinking) पर ध्यान दिया जाता था, लेकिन अब बहुराष्ट्रीय कंपनियों, कंप्यूटर और उपभोक्ता संस्कृति प्रदत्त भाग-दौड़ की जिन्दगी का सामना करने के लिए Smart और Active होना मौलिक आवश्यकता और अपरिहार्यता है। अभी कुछ ही वर्षों पहले तक हमारे समाज में आधी आस्तीन की कमीज बहुत प्रचलित थी लेकिन आजकल इनका चलन बहुत कम हो गया है। अब पूरी आस्तीन की कमीज ज्यादा प्रचलित है। कुछ वर्षों पहले तक महिलाओं में पूरी आस्तीन के ब्लाउज का चलन बहुत कम था, लेकिन आजकल घर से बाहर निकलने पर ठंडक और गर्मी दोनों से बचाव के लिए महिलाओं में पूरी आस्तीन के ब्लाउज के प्रति स्वीकृति बढ़ गई है। इसी प्रकार से पुरुषों में अब बुशर्ट का चलन बहुत कम हो गया है। विभिन्न सौंदर्य प्रतियोगिताओं में भाग लेने से पहले आजकल प्रतिभागी छः महीने से एक साल तक grooming की ट्रेनिंग लेती हैं। प्रकृति प्रदत्त शारीरिक सुंदरता के अलावा उनके पोशाक,

Accessories, सामान्य ज्ञान, बुद्धि-लब्धि, तैरना आदि की भी परीक्षाएं होती हैं और यह अपेक्षा होती है कि उनका संपूर्ण व्यक्तित्व विकसित हो। इसलिए आज के युग में आप अपने वस्त्रों, आभूषण और मेकअप के प्रति बेपरवाह होकर तरक्की नहीं कर सकते। आपकी बुद्धि की परीक्षा तो जब सामने वाला आपसे बातचीत शुरू कर लेगा उसके चार-पांच मिनट बाद होगी, लेकिन अनुपयुक्त वस्त्रों के कारण यदि उसके समक्ष आपका पहला प्रभाव ही असर नहीं डाल पाया और सामने वाला आपसे मिलने और बात करने से ही मना कर दिया तो क्या आप अपनी विद्वता को शहद लगाकर चाटेंगे। वह जमाना बीत गया जब महात्मा गांधी आधी टांग की धोती पहनकर इंग्लैंड के वायसराय से मिलने चले गए थे। या तो आपके व्यक्तित्व में महात्मा गांधी जैसा तेज और ओज हो और आपके पीछे खड़ी होने के लिए सारे हिन्दुस्तान की युवा पीढ़ी हो, तब तो आप बिना किसी संकोच के गांधी जी की आधी टांग की धोती पहन सकते हैं। महात्मा गांधी भी जवानी में कोट-पैंट पहनते थे और सफेद कमीज की कालर रोज धोते और प्रेस करके बदल-बदल कर पहनते थे। इसलिए आप सादा जीवन के मुगालते में मत पड़िए। पिछले कुछ वर्षों में कंप्यूटर और इंटरनेटयुक्त कार्यालयों में वातानुकूलन शुरू हुआ तो धीरे-धीरे प्रशासनिक अधिकारियों की जीवनचर्या में भी वातानुकूलित कार, रेलगाड़ी के वातानुकूलित डिब्बे और घरों में भी वातानुकूलन का प्रवेश हो गया तो लोगों की पोशाक में भी धीरे-धीरे परिवर्तन होने लगा है। गर्मी और हलकी ठंड में पहनने के लिए सुविधाजनक होने के कारण कुछ वर्ष पहले सफारी सूट का प्रचलन बढ़ा था, लेकिन आजकल सफारी सूट फैशन से बाहर हो गए हैं। भारत की गर्म जलवायु के उपयुक्त न होने के कारण ही टेरीलिन और स्ट्रेचलान के वस्त्र फैशन की आंधी के साथ आए थे, लेकिन वैसे ही गायब भी हो गए। उसके बाद 80:20 अनुपात वाले टेरीकाट के कपड़े प्रचलित हुए और फिर उसके बाद 67:33 अनुपात वाले टेरीकाट के कपड़े प्रचलन में आए। लड़कियों और महिलाओं की पोशाक के मामले में लंबे स्कर्ट लंबी लड़कियों पर अच्छे लगते हैं, लेकिन मिनी स्कर्ट कम लंबाई की लड़कियों पर ही अच्छे लगते हैं। इसी प्रकार से बड़े-बड़े फूलों के प्रिंट वाली साड़ी कम उम्र की महिला द्वारा पहने जाने पर तो अच्छी लगेगी, लेकिन बड़ी उम्र की महिलाओं पर नहीं अच्छी लगेगी। चौड़े बार्डर की साड़ी भी कम उम्र की महिला द्वारा पहने जाने पर ही अच्छी लगेगी लेकिन बड़ी उम्र की महिलाओं द्वारा पहने जाने पर चौड़े बार्डर की साड़ी कम अच्छी लगती है। इसीलिए भारतीय फिल्म इंडस्ट्री के इतिहास में बहुत-सी अभिनेत्रियों ने कोठे वाली का रोल किया, लेकिन "उमराव जान" और "मुकद्दर का सिकंदर" फिल्म में रेखा के सशक्त अभिनय ने जान फूंक दी और रोल को

यादगार बना दिया। यह संपूर्ण व्यक्तित्व का विकास और बॉडी लैंग्वेज की गहन पकड़ का ही परिणाम था। ईसाई समुदाय में दुल्हन द्वारा शादी के समय सफेद रंग का मैरेज गाउन पहना जाना शुभ माना जाता है। लेकिन हिन्दू समाज में दुल्हन द्वारा लाल जोड़ा पहने जाने को वरीयता दी जाती है।

विभिन्न जाति की भारतीय महिलाओं में आभूषणों के इस्तेमाल के फैशन अलग-अलग हैं। कई धार्मिक परंपराओं के पीछे कुछ वैज्ञानिक कारण रहे हैं। जैसे विवाहिताओं द्वारा इस्तेमाल होने वाले सिंदूर में पारे ($HgCl_2$) का अंश बालों के डैंड्रफ और जूं को कम करता है। मुसलमान महिलाओं के बालों में टीका के अलावा बगल में झूमर तथा साइज में अपेक्षाकृत बड़े तथा लंबे गहनों का प्रचलन है।

हिन्दुओं में कम उम्र की अविवाहित लड़कियों के कानों में गोल छल्ले जैसे बाली का प्रचलन है। कम उम्र की विवाहित महिलाओं के कानों में झुमका पहनना अच्छा लगता है, लेकिन बड़ी उम्र की महिलाओं के कानों में टाप्स ही गरिमामय प्रतीत होते हैं। पैर की उंगलियों में चांदी के बिछुए प्रायः विवाहित महिलाएं ही प्रयोग करती हैं, लेकिन कुछ उपजातियों में अविवाहित लड़कियों में भी पैरों की उंगलियों में बिछुए पहनने का रिवाज है। राजस्थान की महिलाएं कलाई में तुलनात्मक रूप से अधिक संख्या में चूड़ियां पहनती हैं। सुविधा परस्त होने की पराकाष्ठा कलाई घड़ियों में भी परिलक्षित हो रही है। कुछ वर्षों पहले तक चाभी देने वाली कलाई घड़ियां प्रचलन में थीं, लेकिन अब सेल वाली क्वार्टज घडियां प्रयोग की जा रही हैं जिनमें चाभी नहीं भरना पड़ता है और वे स्वचालित ढंग से चलती रहती हैं। गांव की और शहर की महिलाओं के आभूषणों में भी अंतर मिलता है। ये आभूषण भी व्यक्ति के संपूर्ण व्यक्तित्व और Personality में निखार लाते हैं। वस्त्रों के साथ-साथ उनसे मैच करती हुई Accessories जूते, चप्पल, सैंडिल, बेल्ट, टाई, कैप, कलाई घड़ी, जेब में रखे जाने वाले पेन, पॉकेट कंघी, उंगली में पहनी गई अंगूठियों की कुल संख्या और उनमें लगे हुए नग, महिलाओं के बालों में लगने वाले हेयर पिन और बैक क्लिप, पर्स, कीरिंग्स आदि भी सौंदर्य में अभिवृद्धि करती हैं और इस प्रकार आप में निखार लाती हैं और अलग प्रकार के संदेश देती हैं। फैशन और मेकअप को अभी कुछ ही वर्षों पहले तक बुरी नजर से देखा जाता था, लेकिन आज की इक्कीसवीं शताब्दी में फैशन और मेकअप भी कुछ सीमा तक मध्यम वर्ग की रोजमर्रा की जिन्दगी की जरूरत बन गए हैं। सैकड़ों की भीड़ में अपने आपको औरों से अलग प्रस्तुति के लिए फैशन और मेकअप का एक सीमा तक इस्तेमाल मजबूरी बन गया है। गर्मी की तेज धूप में लंबे समय के लिए निकलना हो तो सन क्रीम एवं गागल्स का इस्तेमाल एक जरूरत की चीज है। तेज धूप

से लौटकर आंखों को शीतलता और आराम देने के लिए ठंडे किए हुए खीरे के कतले थोड़ी देर के लिए आंखों पर रखें। थोड़ी-सी चाय की पत्ती पानी में डालकर उबाल लें और फिर उसे ठंडा कर लें, फिर इसमें रूई को भिगोकर थकी आंखों पर थोड़ी देर रखने से आराम मिलता है। परफ्यूम के मामले में बहुत महक वाले परफ्यूम का इस्तेमाल अब पसंद नहीं किया जाता, लेकिन बहुत हलकी महक वाले परफ्यूम और डिओडोरेंट के प्रयोग से पसीने की महक से छुटकारा मिल जाता है। जाड़े के दिनों में कोल्ड क्रीम के प्रयोग से त्वचा को एवं चिपस्टिक के प्रयोग से होठों को फटने से आराम मिलता है। गर्मी के मौसम में पेट, पीठ, गर्दन एवं बगलों में टेल्कम पाउडर जरूर डालें, लेकिन चेहरे पर काम्पैक्ट पाउडर का प्रयोग ही अच्छा लगता है, क्योंकि ये भी कहीं किसी रूप में आपके आत्मविश्वास (Self-confidence) में अभिवृद्धि करते हैं।

सांवले लोगों पर गाढ़े रंग की ब्राउन, चेरी, मैरून, काफी ब्राउन रंग की लिपस्टिक एवं नेल पालिश का रंग ज्यादा अच्छा लगता है, लेकिन गोरी महिलाओं की त्वचा पर पिंक, रेड, मैजेंटा, स्कारलेट एवं नेचुरल कलर की लिपस्टिक एवं नेल पालिश ज्यादा अच्छी लगती है। किसी लड़की या महिला का चेहरा बिना बिंदी के और फिर उसके बाद बिंदी के साथ देखें तो फर्क आपको खुद पता लगेगा। इसके बाद जरा सांप, बिच्छू या उलटे-सीधे आकार वाली बिंदी के साथ चेहरा देखें। पहले से तैलीय त्वचा वाले चेहरे पर खूब सारी क्रीम थोप लें और दूसरी तरफ चंदन के पाउडर का उबटन लगाएं और दोनों का अंतर देखें। अंडे का सफेद वाला हिस्सा तैलीय त्वचा और पीला वाला हिस्सा सूखी त्वचा पर लगाया जाता है। सूखी त्वचा वाले चेहरे पर शहद के साथ मिलाकर चंदन का पाउडर थोड़ी देर लगाकर शीतल जल से धो लें तो चेहरे की चमक फूल की तरह खिल उठेगी। आंखों एवं चेहरे की त्वचा की स्निग्धता के लिए गर्मी के दिनों में आठ-दस बार ठंडे पानी से धोने से भी फायदा होता है। बाजार में मिलने वाले विदेशी सौंदर्य प्रसाधनों की तुलना में देशी, आयुर्वेदिक और घरेलू सौंदर्य प्रसाधन अधिक लाभदायक एवं चिर स्थायी होते हैं, अतः इन पर ज्यादा भरोसा करना चाहिए। दुख की बात यह है कि आज कल कुछ लड़कियों की शादी के समय मेकअप करने वाली ब्यूटीशियंस संपूर्ण त्वचा की प्रकृति और व्यक्तित्व का पूरी तरह से विचार किए बिना ही असंतुलित मेकअप करके दुल्हनों को अकसर पूरा जोकर बना देती हैं और प्रकृति प्रदत्त नैसर्गिक सुंदरता की चमक से विहीन कर देती हैं।

8

देहिक भाषा और व्यावहारिक जीवन

प्रश्न यह उठता है कि हम दैहिक भाषा के बारे में क्यों जानें और व्यावहारिक जीवन में इसकी उपयोगिता क्या है? सच तो यह है कि व्यावहारिक जीवन में पग-पग पर हमें दैहिक भाषा की जानकारी की जरूरत पड़ती है। दैहिक भाषा विज्ञान और व्यावहारिक जीवन के इस सम्मिश्रण को हम Applied kinesics कहते हैं जैसे–(1) विवाह संबंध तय होने से पहले लड़के-लड़की को एक-दूसरे को दिखाना आदि रस्में, (2) मार्केटिंग के समय अपने उत्पाद की अच्छाइयों का खरीददार के समक्ष वर्णन, (3) सामूहिक परिचर्चा और साक्षात्कार इत्यादि।

विवाह संबंध : भारत में विवाह संबंध निर्धारित करने के दो सोपान हैं–(अ) दोनों के माता-पिता के बीच का सम्प्रेषण, तथा (ब) लड़का-लड़की दोनों के बीच का सम्प्रेषण। इसके अलावा स्वयं लड़के-लड़की का अपने-अपने सास-ससुर और अन्य करीबी रिश्तेदारों से Interaction तथा सामंजस्य निर्धारण भी आवश्यक है। (अ) भारत के सामाजिक परिवेश की विडंबना यह है कि अधिकांश मामलों में शादी तय करने से पहले लड़के-लड़की दोनों के माता-पिता एक-दूसरे के लिए अजनबी और अनजान होते हैं। अतः प्रारंभ में अधिकांश मामलों में दोनों ही पक्षों के सदस्य एक-दूसरे के प्रति शंकालु और संदेह की भावना से ग्रस्त रहते हैं। लेकिन दोनों को एक-दूसरे के समक्ष यह भी प्रकट करना रहता है कि हम शंकालु नहीं सहिष्णु हैं। इस स्थिति में बेहतर सम्प्रेषण के लिए आवश्यक है कि हम पहले दूसरे की बातें और दृष्टिकोण को ध्यान से सुनें और उसके बाद ही अपनी बात कहें। इस परंपरा में यह जरूरी नहीं है कि हम अपने आपको दूसरे से हीन समझें या श्रेष्ठतर समझें। सबसे अच्छा यह है कि हम बराबरी की भावना रखें। इससे विकसित होने वाली सौहार्द की भावना स्थायी होगी। अपने दृष्टिकोण को प्रस्तुत करते समय दृढ़ प्रतिज्ञ न हों थोड़ा-सा लचीलापन बनाए रखिए। अपने पक्ष की अच्छाइयों को प्रस्तुत अवश्य कीजिए किंतु विनम्रता के साथ। दूसरे पक्ष को यह अहसास न होने दीजिए

कि आप हावी होने की कोशिश कर रहे हैं। उम्र, पढ़ाई-लिखाई, नौकरी, व्यवसाय आदि के बारे में सही जानकारी दें और दूसरे पक्ष से भी सही जानकारी मांगें। बातचीत के समय दूसरे पक्ष का विश्लेषण करते समय हमेशा यह कोशिश बनाए रखें कि दूसरे के अहं और आत्म सम्मान (Self-respect) को ठेस न पहुंचे। विनम्रता के साथ यह भी जरूरी है कि हम अपना भी आत्म विश्वास बनाए रखें। दूसरे पक्ष के व्यक्तियों से आंखों में आंखें डालकर बात करें, लेकिन यह सहज लगना चाहिए। ऐसा न लगे कि हम दूसरे को घूर रहे हैं। दूसरे पक्ष के विपरीत लिंग के व्यक्तियों से वार्तालाप करते समय भी मर्यादित रहना जरूरी है। अब तो भारत में भी लड़के-लड़कियां स्वयं एक-दूसरे को पसंद करने की पहल करने लगे हैं, लेकिन इसकी अनुपस्थिति में अभी भी माता-पिता को वार्तालाप में पहल करना पड़ता है। इन संदर्भों में दूसरे की कोई बात पसंद न आने पर भी विनम्रता से इशारा कर दें, सीधे-सीधे आक्षेप न लगाएं। बड़ी मजे की बात यह है कि वास्तविक जीवन में सामंजस्य स्थापित करने के बिंदु बिल्कुल अलग हैं, लेकिन परिवार के बुजुर्ग भी शादी तय करने जाते हैं तो लड़के-लड़की की लंबाई, चौड़ाई और गोरेपन या कालेपन को Deciding factor बनाने लगते हैं। यह बड़ा ही हास्यास्पद है। स्वास्थ्य, पढ़ाई-लिखाई, नौकरी और कैरियर—नौकरी पेशा है या Businessman, पारिवारिक पृष्ठभूमि—लड़का-लड़की इकलौती संतान हैं या कई भाई-बहन हैं तथा कई भाई-बहनों में वे स्वयं किस नंबर पर हैं—बड़े, मझले या छोटे, इन सभी बातों का परिवेश पर गहरा असर पड़ता है। शादी के पहले लड़का-लड़की दोनों को डॉक्टर के पास जाकर रक्त-समूह की जांच एवं Complete and thorough Medical Check-up बहुत जरूरी है, लेकिन भारतीय समाज में इस महत्त्वपूर्ण पहलू पर प्रायः लोग यथेष्ट ध्यान नहीं देते, (ब) कुछ वर्षों पहले तक भारतीय समाज में शादी से पहले लड़के-लड़की को एक-दूसरे को दिखाने की अनिवार्यता नहीं थी लेकिन अब यह रस्म भी स्वीकार्य (Acceptable) हो गई है। दिखाने, गोद-भराई, Ring-ceremony तथा शादी के दिन लड़का-लड़की पूरी बारात और समाज के केन्द्र बिंदु होते हैं और उनकी एक-एक गतिविधि लोगों के द्वारा देखी जाती है। अतः दोनों के लिए बॉडी लैंग्वेज का ज्ञान आवश्यक है। ऐसे मौकों पर बहुत से रिश्तेदार सलाहकार की भूमिका निभाने लगते हैं और उन सलाहों में से उचित अनुचित का निर्णय लेकर मध्यमार्ग या बीच का रास्ता अपनाना चाहिए। ऐसे मौकों के लिए मेकअप, वस्त्र, Accessories आदि के भी Dress Codes हैं। अब तो लड़कों और लड़कियों दोनों के लिए परिधान मर्यादा (Dress Codes) निर्धारित हैं। जिनकी लंबाई ज्यादा हो उन्हें लंबे Strip के कपड़े नहीं पहनाने चाहिए। सांवले रंग की लड़कियों को दिखलाने की

रस्म ढलती शाम को एवं हलके से Bright कपड़ों में करना चाहिए। दिन की तेज रोशनी में शरीर की बनावट की कमियां उजागर हो जाती हैं। अतः दिखाने की रस्म Preferably रात में करें। हलका-सा Make-up एवं हलकी-सी Jewellery ज्यादा उपयुक्त लगती है। लड़कों को भी Casual dress पहनना चाहिए। लड़कों की ड्रेस में टाई की लंबाई का निचला सिरा बेल्ट की बक्कल्स को सिर्फ छूना चाहिए, टाई की लंबाई उससे कम भी न हो और ज्यादा भी न हो। टाईपिन और कफलिंब का प्रचलन पहले था, लेकिन अब समाप्त हो गया है। बेल्ट का बकलस सामने बिल्कुल बीच में होना चाहिए। सबसे महत्त्वपूर्ण बात यह है कि ऐसे अवसरों पर आपका कोई भी व्यवहार ऊपर से ओढ़ा हुआ नहीं लगना चाहिए। आप जो हैं वही बने रहिए। उधार का व्यक्तित्व आपको उपहासास्पद बना सकता है। अतः सहज बने रहिए। इसी प्रकार से शादी के समय यदि लड़का धूम्रपान या मद्यपान करके आए, यह अभी भी भारतीय परिवेश और समाज में अच्छा नहीं समझा जाता। लड़का-लड़की दोनों के चेहरे पर खुशी अच्छी लगती है, लेकिन उच्छृंखलता और तेज आवाज में चपर-चपर करते हुए बहुत ज्यादा बातचीत अच्छी नहीं लगती।

दैहिक भाषा और दांपत्य जीवन में दरार : दैहिक भाषा की जानकारी दांपत्य जीवन की सार्थकता और सफलता के लिए भी जरूरी है। पाश्चात्य सभ्यताजन्य प्रेम विवाह में तो पहले प्रेम होता है और फिर उसके बाद विवाह होता है, लेकिन भारतीय सभ्यता में आज भी Arranged Marriage प्रचलन में है जिसमें पहले विवाह होता है और उसके बाद प्रेम शुरू होता है। दोनों ही पद्धतियों के अपने-अपने अलग-अलग फायदे नुकसान हैं, लेकिन दोनों ही परिस्थितियों में शादी के बाद दो-तीन वर्ष तक तो रोमांस परवान चढ़ा रहता है और उसके बाद धीरे-धीरे घटने लगता है। यह भी सच है कि दांपत्य जीवन और प्रेम की चरम परिणति संतान उत्पत्ति है, लेकिन भारतीय दंपतियों में यह भी योजनाबद्ध नहीं होता है। अधिकांश विवाहित जोड़े स्वयं पूरी तरह से मानसिक रूप से माता-पिता बनने की जिम्मेवारी उठा सकने लायक हुए बिना ही दादा-दादी, नाना-नानी की खुशी पूरी करने के लिए मां-बाप बन जाते हैं। इसे कहते हैं कोढ़ में खाज। पहली बात तो यह है कि शादी से पहले व्यक्ति पूरी तरह से अपनी मर्जी का मालिक होता है और विवाह पूर्व रोमांस में चौबीसों घंटों का साथ नहीं होता। अतः अहं और Pseudo-ego का टकराव नहीं होता। किंतु शादी के बाद प्यार का तूफान शांत होते ही अहं का टकराव शुरू हो जाता है। दूसरी बात यह है कि मां बनने के बाद औरत का ध्यान दो तरफ बंट जाता है। मां के संतान के प्रति जिम्मेवारी उठाने में व्यस्त हो जाने को कुछ समय तक पति बर्दाश्त नहीं कर पाता है और उसी दिन से

उपेक्षाओं और असंतुष्टि का संघर्ष प्रारंभ हो जाता है। इसीलिए सबसे पहले जरूरत तो इस बात की है कि जोड़े जब मानसिक रूप से इस परिवर्तन के लिए तैयार हो जाएं तभी मां-बाप बनें।

दांपत्य जीवन में दरार उत्पन्न करने वाला दूसरा कारण है घर और कैरियर के बीच की रस्साकसी। अब भारतीय नारियों को भी घर की जिम्मेवारी के साथ कैरियर को भी विकसित करना समय की मांग हो गया है। अतः इस द्वंद्व को भी हर महिला को झेलना ही पड़ेगा। लेकिन दूसरी तरफ पति-पत्नी दोनों में से किसी एक या दोनों की व्यस्तताएं बढ़ जाने पर एक-दूसरे के साथ बिताने वाले क्षणों में कटौती होने लगती है तो एक या दोनों को अकेलेपन और Agony का संत्रास सहना पड़ता है।

तीसरी महत्त्वपूर्ण बात यह है कि पुरुष और स्त्री दोनों के शारीरिक और मानसिक विकास का जीव-विज्ञान अलग होता है और महिलाओं के जीवन में हारमोन की भागीदारी कुछ अलग प्रकार की होती है। टीनेज अवस्था, मासिक धर्म, गर्भावस्था और मीनोपाज चारों ही अवस्थाओं में महिलाओं में शारीरिक परिवर्तनों के साथ-साथ बहुत तेजी से मानसिक और मनोवैज्ञानिक परिवर्तन होते हैं, जिससे उत्पन्न होने वाले व्यवहार के परिवर्तनों को पुरुष समझ नहीं पाता, अतः आत्मसात भी नहीं कर पाता।

पुरुष और स्त्री के मनोविज्ञान में एक मूलभूत अंतर है। पुरुष के लिए सेक्स की इच्छा मूलतः शारीरिक होती है। सेक्स की इच्छा उसकी शुक्राणु कोशिकाओं की संरचना से और शुक्राणु कोष में भरे शुक्राणु द्रव से प्रेरित होती है। विवाह में ज्यादातर सेक्स संबंधी समस्याएं शारीरिक तकनीक से संबंधित नहीं होतीं बल्कि भावनात्मक आवश्यकताओं की पूर्ति से संबंधित होती हैं। महिला के लिए सेक्स की इच्छा उसकी शारीरिक रचना में केंद्रित न होकर भावनात्मक संरचना से संबंधित है। ऐसा कोई भी शारीरिक कारण नहीं होता जो उसे शारीरिक संबंध बनाने के लिए मजबूर करे। उसकी इच्छा पूरी तरह से उसकी भावनाओं पर आधारित होती है। अगर वह समझती है कि उसका पति उसे प्रेम कर रहा है, उसकी सराहना कर रहा है और उसे चाह रहा है तो उसकी शारीरिक अंतरंगता की इच्छा जागृत होती है, पर भावनात्मक निकटता के बिना उसकी शारीरिक इच्छा न के बराबर होती है। इसलिए जरूरी है कि पुरुष और स्त्री दोनों ही एक-दूसरे के मनोविज्ञान और दैहिक भाषा के विभिन्न आयामों और गहराइयों को समझें। माता-पिता के बीच के रागात्मक संबंध की नींव पर ही उनकी संतानों के व्यक्तित्व के भावनात्मक पहलुओं की पूरी इमारत निर्मित होती है। विश्व के कई मनोवैज्ञानिकों और मैरेज

कौंसिलर्स ने दांपत्य जीवन में उत्पन्न होने वाले दरारों को भरने के उपायों की विशद चर्चा की है। विवाह सलाहकार गैरी चैपमैन ने कई पुस्तकें लिखी हैं जिसमें अपने जीवनसाथी से दिल की बात कैसे कहें, इसके लिए प्रेम की पांच भाषाएं बताई हैं–सकारात्मक शब्द, प्रतिबद्ध समय, उपहार लेना, सेवा के कार्य और शारीरिक स्पर्श। इन पांचों भाषाओं के मामले में हर व्यक्ति की वरीयताएं (Preferences) अलग-अलग होती हैं। कभी-कभार ही पति और पत्नी की प्राथमिक प्रेमभाषा एक-सी होती है। हम स्वाभाविक रूप से अपनी प्राथमिक प्रेमभाषा बोलते हैं और परेशान हो जाते हैं जब हमारा जीवनसाथी हमारी प्रेमभाषा समझ नहीं पाता। हम अपने प्यार का इजहार करते हैं, पर हमारा संदेश सामने वाले के दिल तक नहीं पहुंच पाता, क्योंकि हम जिस भाषा में संदेश पहुंचा रहे हैं वह उसके लिए एक विदेशी और अपरिचित भाषा है। यही मूलभूत समस्या है। एक बार आप अपने जीवनसाथी की प्राथमिक प्रेमभाषा जान लें और उसे बोलना सीख लें तो आपको लंबे, प्रेमपूर्ण वैवाहिक जीवन की कुंजी मिल जाएगी। अगर हमारा जीवनसाथी हमारी प्राथमिक प्रेमभाषा नहीं समझ पा रहा है तो हम अपनी मूलभाषा पर भरोसा नहीं कर सकते। अगर हम उस तक अपने प्रेम का संदेश पहुंचाना चाहते हैं तो हमें यह संदेश उसी की प्राथमिक प्रेमभाषा में पहुंचाना होगा। मानव जाति के अस्तित्व के केंद्र में अंतरंग होने और किसी के द्वारा चाहे जाने की इच्छा होती है। विवाह की संस्था अंतरंगता और प्रेम की इसी इच्छा की पूर्ति के लिए बनी है। इसके लिए हर व्यक्ति को अपने जीवनसाथी के नजरिये से दुनिया को देखने की जरूरत होती है। हमें सबसे पहले तो यह पता लगाना होगा कि हमारे जीवनसाथी के लिए क्या महत्त्वपूर्ण है। हममें से ज्यादातर व्यक्तियों में इतनी अधिक सामर्थ्य या क्षमता होती है कि हम अपने जीवनकाल में उसका सिर्फ कुछ हिस्सा ही विकसित कर पाते हैं। जो चीज हमें अपने सपनों को हकीकत में बदलने से रोकती है वह है साहस की कमी। एक प्रेम करने वाला जीवनसाथी हमारी प्रतिभा के विकास में महत्त्वपूर्ण उत्प्रेरक की भूमिका निभा सकता है।

(ब) व्यापारिक सम्प्रेषण और दैहिक भाषा : इक्कीसवीं शताब्दी में व्यापारिक सम्प्रेषण के क्षेत्र में दैहिक भाषा अर्थात बॉडी लैंग्वेज की भागीदारी बहुत महत्त्वपूर्ण हो गई है। चाहे हम बेचने वाले हों या खरीदने वाले, दोनों ही स्थिति में सामने वाले के मनोभावों और उसकी दैहिक भाषा को समझना आवश्यक है। दरवाजे-दरवाजे जाकर Door-to-door marketing का क्षेत्र भी व्यापक हो गया है। प्रायः आजकल नौसिखिए सेल्समैन दो प्रकार की गलतियां करते हैं–(1) मिलने पर वे गृहस्वामी या ग्राहक से हाथ मिलाने के लिए तुरंत हाथ बढ़ा देते हैं, जिससे कई बार सामने

खड़ा व्यक्ति झुंझला जाता है। अतः मिलने पर Eye-to-eye contact में कुछ सकारात्मक भावनाएं दिखाई दें तभी मिलाने के लिए हाथ आगे बढ़ाना चाहिए। (2) दूसरी गलती है कि हम अपने उत्पाद की लाख अच्छाइयां टेपरिकार्डर की तरह सुना जाएं लेकिन हमें ग्राहक की आवश्यकता और मनोविज्ञान को समझना जरूरी है। अतः समझदार विक्रेता को बातचीत की शुरुआत ही ग्राहक की अपेक्षा और जरूरत से करनी चाहिए। इस शुरुआत के बाद ग्राहक अपकी बातचीत में रुचि लेना प्रारंभ कर देगा।

कई बार हमने दुकानदारों के दो प्रकार देखे। कुछ ऐसे धैर्यवान होते हैं कि लगातार सौ साड़ी दिखा चुकने के बाद भी ग्राहक को कोई साड़ी पसंद न आने पर भी उनके चेहरे पर शिकन नहीं आती। निश्चय ही ऐसे विक्रेता सफल होंगे। दूसरी तरफ कुछ ऐसे विक्रेता होते हैं, जो दो-चार वैरायटी दिखाने के बाद ही सकारात्मक जबाब न मिलने पर धैर्य खो देते हैं। अतः विक्रेता के तौर पर हमें यह ध्यान रखना पड़ेगा कि हमारा उत्पाद चाहे कितना भी अच्छा हो, ग्राहक को जब उस चीज की जरूरत महसूस होगी, तभी वह खरीदेगा। हां, यह अलग बात है कि उसकी जरूरत से चर्चा शुरू करके बाद में हम उसे ऐसी चीज खरीद लेने के लिए तैयार कर लें जिसे खरीदने के लिए वह पहले नहीं तैयार था। यद्यपि बीसवीं शताब्दी का यह नारा था कि आवश्यकता आविष्कार की जननी है। पहले व्यापारी यह जानने की कोशिश करता था कि क्रेता की जरूरतें क्या हैं। लेकिन इक्कीसवीं सदी में व्यापार का नया फंडा है। आप अपने इस्तेमाल की चीजों पर ध्यान से दृष्टिपात करें। आज के तीस वर्ष पहले तक भारतीय समाज में मध्यम वर्ग के परिवार में फ्रीज, टी.वी., वाशिंग मशीन, स्कूटर, कार, इन्वर्टर, जेनरेटर, कूलर, एयरकंडीशनर, डाइनिंग टेबिल, डबल बेड, कालीन, सी.डी. प्लेयर, ईंधन गैस, ओ.टी.जी., कंप्यूटर, टेलीफोन, मोबाइल आदि जरूरत में नहीं शामिल थे। लेकिन आज यह सभी चीजें जरूरत की चीजें बन गई हैं। यह उपभोक्ता संस्कृति का प्रभाव है। विज्ञापन युग का यह असर है जिसने हमारे मन में कूट-कूट कर भर दिया है कि ये चीजें जीवन के लिए आवश्यक हैं।

(स) सामूहिक परिचर्चा और साक्षात्कार के समय दैहिक भाषा का योगदान : सामूहिक परिचर्चा व्यक्तियों के बीच विचारों का आदान-प्रदान और सम्प्रेषण शैली की एक परीक्षा है। इसके अंतर्गत प्रतिभागियों के एक समूह को एक निश्चित समय अवधि के बीच परिचर्चा के लिए एक विषय दे दिया जाता है। प्रत्येक प्रतिभागी के परिचर्चा के दौरान प्रस्तुति के आधार पर उसके सम्प्रेषण कौशल की जांच की जाती है।

प्रायः देखा जाता है कि प्रबंधन संस्थान संपूर्ण चयन प्रक्रिया में सामूहिक परिचर्चा तथा व्यक्तिगत साक्षात्कार को लगभग पैंतीस प्रतिशत या इससे भी अधिक अंक का महत्त्व देते हैं। चूंकि ये व्यक्ति की अपने विचारों से दूसरों को सहमत कर सकने की क्षमता को प्रस्तुत करते हैं, आजकल की प्रतियोगी परीक्षाओं में सामूहिक परिचर्चा का योगदान और भागीदारी बढ़ती ही जा रही है। सामूहिक परिचर्चा के समय कोई अभ्यर्थी किस हद तक आंखों में आंखें डाल कर बात करता है, यह भी महत्त्वपूर्ण है। उसके कंधों एवं हाथों के हावभाव भी महत्त्वपूर्ण असर डालते हैं। बातचीत के समय विपरीत विचार प्रस्तुत करते समय भी दोस्ताना व्यवहार होना चाहिए और किसी भी प्रकार का अमैत्रीपूर्ण व्यवहार नकारात्मक असर डालता है। इसी के साथ ही उस समूह के किसी विशेष सहयोगी के लिए जरूरत से अधिक अंतरंगता या अनुराग का प्रदर्शन भी सकारात्मक असर नहीं डालता है। जिस प्रकार से बायोडाटा का यह उद्देश्य होता है कि आप को साक्षात्कार की पायदान तक ले जाए उसी प्रकार से साक्षात्कार का उद्देश्य यह होता है कि आपको नौकरी मिलने के अंतिम पायदान तक ले जाएं। साक्षात्कार तकनीक सीखने का सबसे अच्छा तरीका यह है कि माडल इंटरव्यू की वीडियो कैमरे से रिकार्डिंग की जाए और फिर उस कैसेट को वी.सी.आर. में लगाकर टी.वी. में खुद देखा जाए, इससे आपको आपकी कमियां समझ में आ जाएंगी।

यदि साक्षात्कार के समय नियोक्ता पर आपका पहला प्रभाव या First Impression ही Unfavourable है तो आपके लिए उसके ऊपर प्रभावशाली प्रस्तुति कर पाना बहुत ही मुश्किल हो जाता है। आकर्षक शारीरिक प्रस्तुति (Effective Physical Appearance) का प्रारंभिक बिंदु है–स्वच्छता तथा सुघड़ता (Neatness and Cleanliness)। क्या आप रोज सवेरे आधे घंटे एवं रात को सोने से पहले आधे घंटे अपने रूप-रंग और शारीरिक आकर्षण को बनाए रखने के लिए खर्च करते हैं? क्या आपके बाल साफ, अच्छी तरह से कटे हुए और करीने से कंघी किए हुए हैं? आपके औपचारिक कपड़े क्या होते हैं, अपने जीवन के प्रारंभ में ही मालूम कीजिए कि किस प्रकार के कपड़े आपके व्यक्तित्व से मेल खाते हैं? यदि जरूरत हो तो इस क्षेत्र के किसी प्रोफेशनल की भी राय लीजिए। विशेष अवसरों के लिए उपयुक्त या appropriate कपड़े ही पहनिए। नौकरी के साक्षात्कार के लिए जाते समय आपको व्यावसायिक वस्त्रों (Business clothes) की जरूरत होगी। उस समय के कपड़े नहीं चलेंगे जिन्हें आप खेल-कूद के समय पहनते हैं। आपके कुछ बोलने से पहले ही साक्षात्कारकर्ता आपके कपड़ों पर दृष्टि डालेगा और एक प्रकार की राय बना लेगा।

शीशे के सामने खड़े होकर एक आलोचनात्मक दृष्टि डालें। यदि आपको कुछ भी ऐसा दिखाई दे जिसके बारे में आप सोचते हैं कि सुधार किया जा सकता है तो तुरंत उस सुधार को शुरू कर दीजिए। कोशिश कीजिए कि नौकरी पाने के मामले में आपके Physical Appearance की भागीदारी भी आपके संपूर्ण व्यक्तित्व की अभिवृद्धि करे।

●●●

9

क्यों और कैसे होती है सामूहिक परिचर्चा

क्या होती है सामूहिक परिचर्चा? सामूहिक परिचर्चा व्यक्तियों के बीच विचारों के आदान-प्रदान और सम्प्रेषण शैली की एक परीक्षा है। इसके अंतर्गत प्रतिभागियों के एक समूह को एक निश्चित समय अवधि के बीच परिचर्चा के लिए एक विषय दे दिया जाता है। प्रत्येक प्रतिभागी के परिचर्चा के दौरान प्रस्तुति के आधार पर उसके सम्प्रेषण कौशल की जांच की जाती है। असल में इस परिचर्चा के माध्यम से कोई व्यक्ति सामूहिक स्थिति में किस प्रकार दूसरों से विचार विनिमय कर पाता है, इसी क्षमता को आंका जाता है।

क्यों होती है सामूहिक परिचर्चा : प्रबंधन संस्थानों तथा नौकरियों की तलाश कर रहे विद्यार्थियों की सम्प्रेषणशीलता या कम्यूनिकेटिव स्किल की जांच करने के लिए सामूहिक परिचर्चा एक सशक्त माध्यम है। आज के प्रतियोगितात्मक एवं प्रतिस्पर्धात्मक युग में विभिन्न सहयोगियों के बीच सम्प्रेषण कला के महत्त्व को समझते हुए विभिन्न प्रबंधन संस्थान तथा चयनकर्ता लिखित परीक्षा और व्यक्तिगत साक्षात्कार के अलावा सामूहिक परिचर्चा परीक्षण का सहारा लेकर योग्य आवेदनकर्ताओं का चयन करते हैं। प्रायः देखा जाता है कि प्रबंधन संस्थान संपूर्ण चयन प्रकिया में सामूहिक परिचर्चा तथा व्यक्तिगत साक्षात्कार को लगभग पैंतीस प्रतिशत या इससे भी अधिक अंक का महत्त्व देते हैं। इसके द्वारा व्यक्ति अपने विचारों से दूसरों को सहमत कर सकने की क्षमता को प्रस्तुत करते हैं। आजकल की प्रतियोगी परीक्षाओं में सामूहिक परिचर्चा का योगदान और भागीदारी बढ़ती ही जा रही है।

सामूहिक परिचर्चा के भेद : मौलिक रूप से सामूहिक परिचर्चा दो प्रकार की होती है।

1. पहले प्रकार में ग्रुप कोआर्डीनेटर या समूह समन्वयक द्वारा एक विषय दिया जाता है और विद्यार्थियों से कहा जाता है कि एक निर्धारित अवधि (लगभग

15 से 20 मिनट) तक इस विषय पर परिचर्चा करें। इसमें एक अंतर यह हो सकता है कि विद्यार्थियों को अपने आप ही विषय निर्धारित करने का अवसर दे दिया जाए। दोनों ही स्थितियों में अभ्यर्थियों को सामान्यतः वास्तविक परिचर्चा शुरू करने से पहले तैयारी के लिए दो-तीन मिनट का समय दे दिया जाता है। विद्यार्थियों को गोलाई या आधी गोलाई मे बैठाया जा सकता है।

2. कभी-कभी समूह को एक केस स्टडी की स्थिति छपी हुई दे दी जाती है और अभ्यर्थियों को तीन-चार मिनट का समय इसे पढ़ने और समझने के लिए दे दिया जाता है। इसके पश्चात समूह को दिए हुए Passage या केस स्टडी के आधार पर प्रश्नों की चर्चा करनी पड़ती है। यहां पुनः छात्रों-छात्राओं के समूह को विषय पर परिचर्चा करने के लिए लगभग बीस मिनट का समय दिया जाता है। केस-स्टडी (Case Study) प्रायः तथ्यों और चित्रों से सज्जित मानक व्यापारिक (Standard) स्थितियों के बारे में होती है। अतः इस प्रकार की सामूहिक परिचर्चा से समन्वयक आवेदकों की सम्प्रेषण कला के साथ-साथ विषय की ग्रहणशीलता की भी जांच कर लेते हैं।

आकलन या ASSESSMENT : अभ्यर्थियों के Performance का आकलन सामूहिक परिचर्चा के समन्वयक द्वारा किया जाता है। सामान्यतः लगभग तीन समन्वयक होते हैं जो तीन विभिन्न स्थानों पर बैठते हैं। इनमें से प्रत्येक अपने Angle से अभ्यर्थियों को देखता रहता है और उनका आकलन करता है। ये समन्वयक प्रायः वरिष्ठ तथा अनुभवी व्यक्ति होते हैं। मानवीय प्रबंधन में उनका पर्याप्त अनुभव रहता है और इसीलिए वे आसानी से प्रतिभागियों की परीक्षा कर उनका आकलन कर लेते हैं। सामूहिक परिचर्चा में प्रतिभागियों की श्रेष्ठता का आकलन करने के कई पहलू हैं, जिनमें से प्रमुख पांच इस प्रकार हैं :

1. अग्रेज़ी या हिंदी भाषा बोलने में वाक्पटुता
2. आधारभूत सामान्य ज्ञान
3. दूसरे को अपने विचारों से सहमत (Convenience) करने की क्षमता
4. शारीरिक हावभाव की भाषा (Body Language)
5. परिपक्वता या (Maturity)

1. **भाषा बोलने मे वाक्पटुता :** प्रायः अंग्रेजी माध्यम से परीक्षा उत्तीर्ण करने वाले छात्र यह कह देते हैं कि उन्हें हिंदी नहीं आती तथा हिंदी माध्यम से उत्तीर्ण छात्र यह कह देते हैं कि उन्हें अंग्रेजी नहीं आती। सच तो यह है कि दोनों

वर्ग के छात्रों को दोनों ही भाषाएं आती हैं, लेकिन सम्प्रेषण कुशलता न होने के कारण वे मुखर नहीं हो पाते। यदि उनके मानसिक अवरोधों को दूर करके उनकी सम्प्रेषणशीलता विकसित करा दी जाय और उनको अपनी बात कहने में संकोच दूर कर दिया जाय तो यकीन मानिये कि वे फिर हिंदी, अंग्रेजी या किसी भी अन्य भाषा में अपने विचार प्रस्तुत कर लेंगे। अतः सामूहिक परिचर्चा में भाग लेने से पहले छात्र या छात्रा को अपनी बोलने वाली भाषा (हिंदी या अंग्रेजी) पर पूरा आधिपत्य या Command होनी चाहिए। उसमें अपनी बातों को उचित ढंग से प्रस्तुत कर सकने के लिए तार्किक संबंध तथा सरल वाक्यों का तुरंत निर्माण कर सकने की योग्यता होनी चाहिए। भाषा का पांडित्य प्रदर्शन करने के लिए कठिन तथा दुरूह शब्दों का जहां तक संभव हो, कम से कम इस्तेमाल करना चाहिए।

2. **आधारभूत सामान्य ज्ञान (Knowledge Base) :** जिन समीचीन तथ्यों एवं आंकड़ों की चर्चा छात्र करता है, वह उसकी ज्ञान की गहराई की एक माप है। अतः निस्संदेह एक व्यक्ति जिसने सामूहिक परिचर्चा के लिए खूब तैयारी की हो और पर्याप्त रूप से पढ़ा और लिखा होगा, वही परिचर्चा के समय अधिक तथ्यों और आंकड़ों के साथ बेहतर प्रस्तुति कर पाएगा। ये बातें समन्वयकों तथा अन्य सदस्यों के द्वारा भी बहुत ध्यान से सुनी जाती हैं। फिर भी ये बातें लगातार तैयारी, नियमित पढाई, दृढ़ निश्चय एवं आत्मविश्वास से ही आ पाती हैं।
3. **दूसरे को सहमत कराने की क्षमता (Convincing Power) :** एक व्यक्ति किस प्रकार से अपनी बात को दूसरों के समक्ष प्रस्तुत करता है और दूसरे को सहमत या संतुष्ट करने की कोशिश करता है, यह तरीका भी महत्त्वपूर्ण है। सही बात भी यदि रूखे और मुंहफट तरीके से कही गई हो तो उसका असर विनाशकारी हो सकता है। आवश्यकता इस बात की है कि बात दृढ़ता और आत्मविश्वास के साथ-साथ सुमधुर, सौहार्दपूर्ण तथा खूबसूरती के साथ व्यक्त की जाए, भाषा की वाक्पटुता पुनः इस प्रस्तुति में मदद करती है।
4. **शारीरिक हावभाव की भाषा (Body Language) :** सामूहिक परिचर्चा के समय कोई अभ्यर्थी किस हद तक वार्ता में शामिल है, यह उसके शारीरिक हावभाव से भी देखा जाता है। वह दूसरे सदस्यों से किस हद तक आंखों में आंखें डाल कर बात करता है, यह भी महत्त्वपूर्ण है। उसके कंधों एवं हाथों के हावभाव भी महत्त्वपूर्ण असर डालते हैं। बातचीत के समय विपरीत विचार प्रस्तुत करते समय भी दोस्ताना व्यवहार होना चाहिए और किसी भी प्रकार

का अमैत्रीपूर्ण व्यवहार नकारात्मक असर डालता है। इसी के साथ ही उस समूह के किसी विशेष सहयोगी के लिए जरूरत से अधिक अंतरंगता या अनुराग का प्रदर्शन भी सकारात्मक असर नहीं डालता है।

5. **विचारों की परिपक्वता (Maturity) :** विचारों की परिपक्वता की मौलिक परीक्षा इस बात से होती है कि कोई वक्ता अपने विचारों से दूसरों को हांकने या अपने आप को नाटकीय प्रस्तुति या हावभाव के द्वारा समूह का नेता या लीडर स्थापित करने की कोशिश तो नहीं करता। प्रत्येक वक्ता से यह अपेक्षा की जाती है कि वह दृढ़तापूर्वक मात्र अपनी बात प्रस्तुत करे और दूसरे के कथन पर अनावश्यक एवं अनुचित टीका-टिप्पणी न करे। इन सभी बातों को ध्यान में रखते हुए प्रत्येक समन्वयक अपने अनुसार सबकी रैकिंग करता है और उन सबके विचारों को सम्मिलित करके अंतिम आकलन किया जाता है।

अभ्यर्थियों के प्रकार (Types of Candidates) : विशेषज्ञों के मत के अनुसार अभ्यर्थी पांच प्रकार के हो सकते हैं :

1. दुर्भाग्यशाली
2. अहंकारी
3. औसत
4. संघर्षशील
5. नेता

1. **दुर्भाग्यशाली (The Unfortunate) :** इस प्रकार के व्यक्तियों को इसलिए दुर्भाग्यशाली कहा जाता है क्योंकि उन्होंने लिखित परीक्षा में सफलता पाने के लिए तो पूरी कोशिश की थी और सफल भी हुए थे, लेकिन बचपने के कारण वे सामूहिक परिचर्चा की आवश्यकताओं को समझने में नाकाम रहने के कारण असफल हो गए। इस प्रकार के छात्र मेहनती एवं विद्वान होते हैं, किंतु संकोची और शर्मीले स्वभाव के कारण परिचर्चा में लोगों के समक्ष अपने विचार प्रस्तुत करने में कठिनाई महसूस करते हैं। विषयवस्तु की पर्याप्त जानकारी होते हुए भी दूसरों को संतुष्ट और सहमत (convince) करने की क्षमता न होने के कारण वे अवसर खो देते हैं। लिखित परीक्षा की मेहनत और सफलता भी बेकार हो जाती है। अंततोगत्वा सामूहिक परिचर्चा की परीक्षा उनके लिए सांस्कृतिक झटका या शॉक (Shock) सिद्ध होती है।

2. **अहंकारी (The Egoist) :** ऐसे व्यक्तियों का अहंकार एवं दंभ गुब्बारे की भांति फूला हुआ होता है। सामूहिक परिचर्चा के समय ऐसे व्यक्तियों का व्यवहार एक खोखले व्यक्तित्व को प्रदर्शित करता है। महानता की पहली सीढ़ी विनम्रता है, किंतु इन व्यक्तियों में विनम्रता पूरी तरह से गायब रहती है। ऐसे व्यक्ति दो प्रकार का व्यवहार प्रदर्शित कर सकते हैं। या तो ऐसे व्यक्ति लगातार बिना रुके बातचीत करेंगे या बिल्कुल चुप रह कर किसी मुद्दे पर दूसरों को बहस करता हुआ चुपचाप देखेंगे। सहज बात तो यह है कि दूसरे मामले में ऐसे व्यक्ति नितांत वांछनीय रहेंगे। ऐसे लोगों की बातचीत से घबड़ाना नहीं चाहिए, क्योंकि इसमें नए विचार बहुत कम होंगे। ऐसे लोगों का व्यवहार समझदार समन्वयक को प्रभावित नहीं कर पाता। याद रखें कि आपको ऐसे व्यक्तित्व से डरने की जरूरत नहीं है, क्योंकि वे प्रायः हानिरहित होते हैं।
3. **औसत व्यक्ति (The Average Candidate) :** इस प्रकार के चरित्र वाले व्यक्तियों की शैक्षणिक पृष्ठभूमि अच्छी होती है और वे प्रबंधन संस्थानों में प्रवेश के पहले होने वाले सामूहिक परिचर्चा की अपेक्षाओं को जानते रहते हैं। ऐसे लोग थोड़ा अभ्यास भी किए रहते हैं और पहली नजर में देखकर ऐसा प्रतीत होता है कि उनमें अच्छा कार्य प्रदर्शन कर सकने का आत्मविश्वास भी मौजूद है। किंतु सामूहिक परिचर्चा के समय धीरे-धीरे ऐसे व्यक्ति टूट जाते हैं और निराशात्मक रुख अख्तियार कर लेते हैं। कुछ अन्य व्यक्तियों की बहस के समय प्रखरता और मुखरता से ऐसे व्यक्ति अचानक ही भावुक और nervous हो जाते हैं। समन्वयक भी इस बात को समझता है कि इस प्रकार के औसत व्यक्ति किसी प्रकार के वैचारिक और मानसिक दबाव को बर्दाश्त नहीं कर पाते और वह कभी-कभी ऐसे चरित्रों को अपनी बात कहने के लिए दुबारा मौका देने की पेशकश भी करते हैं। लेकिन इस अवस्था तक आते-आते Candidate इस हद तक भ्रमित और निराश हो चुका रहता है कि वह बोलने से मना कर देता है। निश्चय ही ऐसे लोगों का सौभाग्य भी उनसे रूठ जाता है।
4. **संघर्षशील व्यक्ति (The Fighter) :** इस प्रकार के व्यक्ति इस बात को महसूस करते हैं कि यदि वे अच्छी प्रस्तुति नहीं करेंगे तो कोई और चुन लिया जाएगा और वे दौड़ से बाहर हो जाएंगे। वे स्वीकार करते हैं कि लिखित परीक्षा में किया हुआ उनका कठिन परिश्रम भी व्यर्थ हो जाएगा यदि वे सामूहिक परिचर्चा के समय अपना हौसला खो देंगे। ऐसे व्यक्तियों ने चैतन्यता से

लगातार आम पब्लिक में तथा समूह में बोलने की प्रैक्टिस की रहती है तथा उन्हें ऐसी स्थितियों का सामना करने का अनुभव रहता है। ये व्यक्ति कभी भी सामूहिक परिचर्चा में घबड़ाते नहीं हैं और लगातार नए बिंदु रखने तथा पिछली कही बातों को और अधिक परिष्कृत करने की कोशिश करते हैं। ऐसा व्यक्ति कभी किसी अन्य व्यक्ति पर हावी होने की कोशिश नहीं करता किंतु अपनी कही हुई बातों में रचनात्मक दृढ़ता रखता है। वह परिचर्चा के दौरान अन्य सभी सहभागियों से आंखों का संपर्क बनाए रखता है और नेता बनने की जबरदस्ती की कोशिश नहीं करता है।

5. **नेता (The Leader) :** कहने की जरूरत नहीं है कि इस प्रकार के भद्र व्यक्ति निश्चिंत रूप से ऐसा सोचते हैं कि जब तक वे अपने नेतृत्व वाले गुणों से दूसरों को प्रभावित नहीं करते हैं सामूहिक परिचर्चा सार्थक नहीं हो पाएगी। अतः यह व्यक्ति बोलने का पहला मौका अनायास ही अपने हाथ में ले लेता है और खुद ही तय करता है जिसके आधार पर गोलाई में हर व्यक्ति को बोलने के लिए थोड़ा समय मिलता है। अंत में इस प्रकार का नेता सबके कहे हुए मतों की समीक्षा करते हुए अंतिम मत भी प्रस्तुत कर देता है। पहली नजर में ऐसा प्रस्तुतिकरण सही प्रतीत हो सकता है, लेकिन इस प्रकार का तथाकथित नेता एक बात भूल जाता है कि अन्यथा हो सकने वाले एक सक्रिय बौद्धिक विचार-विमर्श को उसने मात्र एक सामूहिक संभाषण या Group Speech में सीमित कर दिया। व्यक्तिगत रूप से ऐसा नेताछाप व्यक्ति यह सोचकर खुश हो सकता है कि उसने अवसर को अपने पक्ष में कर लिया, लेकिन यदि समन्वयक इस क्षेत्र के विशेषज्ञ होंगे तो उस व्यक्ति को अस्वीकृत कर देंगे। यह बड़े दुर्भाग्य की बात है कि कई प्रतिष्ठित पत्रिकाएं इस प्रकार की नेतागीरी के प्रदर्शन को सामूहिक परिचर्चा में सफलता की कुंजी बताते हैं, लेकिन यह गलत है।

उपर्युक्त वर्णन एक सहज सवाल का उत्तर देता है कि अच्छी नेतृत्व-शैली (Leadership) क्या है और इसे किस प्रकार से प्रस्तुत किया जाना चाहिए। इस प्रश्न का उत्तर इस तथ्य में निहित है कि नेता दो प्रकार के होते हैं– 1. नेचुरल, 2. जबरदस्ती बने हुए।

1. नेचुरल लीडर अपने ज्ञान और प्रस्तुतिकरण की विशिष्टता के द्वारा दूसरों को प्रभावित करते हैं।
2. जबकि जबरदस्ती बने हुए नेता अपनी आक्रामक छवि तथा अनावश्यक दिखावा के द्वारा दूसरों को प्रभावित करने की कोशिश करते हैं। आपको हमेशा एक

सहज और जन्मजात नेता या नेचुरल नेता बनने की कोशिश करना चाहिए। सामूहिक परिचर्चा के समय कभी भी आपको दूसरे को बोलने का समय और क्रम नहीं निर्देशित करना है। यह बहुत बड़ा बचपना है। आपको सिर्फ अपने Performance पर ही ध्यान देना है।

एक आदर्श सामूहिक परिचर्चा (The Ideal Group Discussion)

एक आदर्श सामूहिक परिचर्चा में विषय, जिस प्रकार से फटे कपड़े के तार-तार अलग कर दिए जाएं, एक-एक करके अलग-अलग पढ़े-लिखे तथा बुद्धिमत्तापूर्ण ढंग से Discuss किए जाते हैं। किसी भी प्रकार की नेतागीरी से प्रभावित हुए बिना हर Candidate को अपना दृष्टिकोण प्रस्तुत करने का अवसर मिलता है। सामूहिक परिचर्चा की मौलिक अवधारणा यह होती है कि सभी प्रतिभागी मुद्दे पर इस प्रकार चर्चा करें कि मुद्दे के पक्ष और विपक्ष के सभी बिंदु क्षमता के अनुसार समूह के द्वारा सहमति या असहमति के अनुसार निष्कर्ष पर पहुंचा जा सके। कभी-कभी देखने में यह बहुत अच्छा लग सकता है जब सामूहिक परिचर्चा में एक लीडर हो जो अपने स्टाइल से अन्य सदस्यों को समय allot करे और इस प्रकार संपूर्ण क्रिया-कलाप को व्यवस्थित करे। लेकिन सही मामले में यह सामूहिक परिचर्चा की भावना नहीं है। एक आदर्श सामूहिक परिचर्चा अपना रास्ता और क्रम खुद ही निर्धारित करती है। यह स्वतः स्फूर्त होती है और किसी एक व्यक्ति को स्वयं के नेतृत्व के अधिकार की अनुमति नहीं प्रदान करती। सामूहिक परिचर्चा के समय किसी एक व्यक्ति का लीडर होने की भावना सर्वथा अनुचित है, क्योंकि यदि यह सही होता तो सभी भाग लेने वालों को इसके बारे में शुरू में बता दिया जाता तथा सामूहिक परिचर्चा शुरू होने के पहले ही सभी सदस्यों के बीच नेता बनने की एक संघर्ष की स्थिति व्याप्त हो जाती। सही ढंग से नेतृत्व कुशल व्यक्ति को सामूहिक परिचर्चा की व्यवस्था की कोशिश द्वारा अपनी प्रभुसत्ता को उजागर करने की जरूरत नहीं होती। उसकी क्षमता, उसकी ज्ञान की गहराई तथा सम्प्रेषण कला के माध्यम से खुद ही परावर्तित हो जाती है। सामूहिक परिचर्या के स्कोर मे अकसर देखा गया कि जिन व्यक्तियों ने जबरदस्ती नेतागीरी की स्थिति प्रदर्शित करने की कोशिश की, वे समन्वयकों द्वारा अस्वीकृत कर दिए गए। सामूहिक परिचर्चा के समन्वयक ऐसे लोगों को वरीयता देते हैं जो अपनी प्रस्तुति पर ज्यादा ध्यान देते हैं और दूसरों के मामलों में जब तक बहुत जरूरी न हो जाए, टांग नहीं घुसेड़ते। सुप्रसिद्ध तथा प्रतिष्ठित पत्रिकाओं द्वारा सामूहिक परिचर्चा में तारतम्य स्थापित करने के लिए लीडरशिप की वांछनीयता की वकालत करने के कारणों में से एक यह डर भी है

कि उसकी अनुपस्थिति में शायद मछली बाजार वाली स्थिति न उत्पन्न हो जाए। किंतु ऐसा सोचना सच नहीं है। यदि सभी प्रतिभागी समझदार हैं तो वे खुद ही सामूहिक परिचर्चा को टूटकर बिखर जाने की स्थिति में नहीं आने देंगे। बीच-बीच में कई बार कुछ लोगों की आवाज तेज हो जाने के बाद भी काफी समय ऐसा शेष बचा रह सकता है, जिसमें गंभीर विचार वाले व्यक्ति अपनी राय जाहिर कर सकें।

सामूहिक परिचर्चा में क्या करें और क्या न करें : अधोलिखित लिस्ट सामूहिक परिचर्चा के समय पालन करने वाले इन नियमों के बारे में है जिन्हें एक समझदार और जिम्मेदार विद्यार्थी द्वारा अपेक्षा की जाती है। ये लिस्ट जीवन के वास्तविक अनुभवों के आधार पर विकसित किए गए है।

क्या करें?

1. जी डी के लिए जाने से पहले शीघ्रता से सामयिक सामान्य ज्ञान एवं प्रमुख विषयों को दुहरा लेना चाहिए। अर्थशास्त्र और वित्त से संबंधित आंकड़ों और तथ्यों को भी याद कर लीजिए। हो सकता है कि आपने कुछ समय पहले इन बातों को पढ़ रखा हो, लेकिन जब तक आप उन्हें एक बार दुहरा नहीं लेते आप सामूहिक परिचर्चा के समय जरूरत पड़ने पर उन्हें याद नहीं कर पाएंगे।
2. जिस क्षण परिचर्चा के लिए विषय निर्धारित किया जाए, उसी समय उस विषय से संबंधित सभी आवश्यक तथा महत्त्वपूर्ण जानकारियों को याद करने की कोशिश कीजिए। यदि इसकी अनुमति दी जाए तो उन बातों को एक कागज के टुकड़े पर क्रमबद्ध कर लें या कागज पर लिखने की स्वीकृति न हो तो मन में इन बातों को क्रमबद्ध कर लें। इस काम के लिए भी बहुत अभ्यास की जरूरत है और अचानक दिए गए टापिक्स से संबंधित तथ्यों को जल्दी से याद करने की प्रैक्टिस करनी चाहिए। याद रखिए कि इस विषय से संबंधित जितनी अधिक से अधिक बिंदु Points आप याद कर लेंगे, आपकी प्रस्तुति के बेहतर और अधिक प्रभावशाली हो सकने की संभावनाएं बढ़ जाएंगी।
3. परिचर्चा में पहला बोलने वाला होने में कभी संकोच न कीजिए। किंतु सामूहिक परिचर्चा किस प्रकार संचालित हो, इस बारे में कोई विचार रखना यथा संभव टालिए। इसके स्थान पर आप विषय वस्तु पर अपना ध्यान केंद्रित कीजिए और अवसर आने पर तुरंत अपना मत प्रस्तुत कीजिए।

4. मानसिक रूप से चौकन्ने तथा इस बात के लिए तैयार रहिए कि सामूहिक परिचर्चा के क्रम के दौरान जब भी आपको अपनी बात कहने का मौका मिले तो इस क्षण को तुरंत अपने फायदे के लिए इस्तेमाल कर लीजिए। इसके लिए आपको कुछ महत्त्वपूर्ण बिंदुओं की जरूरत होगी जो विचार विमर्श को आगे बढ़ा सकें।
5. शुरू से ही इस बात को निश्चित कर लीजिए कि उस विषय पर आपको क्या रुख अख्तियार करना है। इसी के आधार पर अपने विचार विकसित कीजिए। इस बात को ध्यान में रखिए कि आपने एक बार जो रुख अख्तियार कर लिया है आपके मत और विचार उसी रुख के पक्ष में होने चाहिए। इससे कोई फर्क नहीं पड़ता कि आप उस विषय के पक्ष या विपक्ष में या तटस्थ रूप में बोलते हैं।
6. इस सुनहरे नियम को याद रखिए कि यदि हम अच्छी तरह से नहीं बोलेंगे, हमें अस्वीकृत कर दिया जाएगा। अतः हमें अवश्य बोलना है। इसलिए ध्यान गड़ाए रहिए और जिस क्षण आपको बोलने का अवसर प्राप्त हो उस क्षण का तुरंत फायदा उठाइए और अपनी बात कह डालिए।
7. समूह के अधिक से अधिक सदस्यों के साथ सामंजस्य विकसित करने का प्रयास कीजिए। आप उनमें से अधिकांश की आंखों में आंखें डालकर बातचीत के माध्यम से इस सामंजस्य को विकसित कर सकते हैं।
8. सावधानी से लोगों की बातें सुनिए और जब उनमें से कोई भी सदस्य कोई अच्छी बात कहे तो सहमति व्यक्त कीजिए।
9. अधिक से अधिक उदाहरण देने की कोशिश करें। ये उदाहरण आपके तर्क में जान डाल देते हैं।

क्या न करें?

1. कभी भी किसी की तरफ अभियुक्त सिद्ध करते हुए उंगली का इशारा न करें। यह आपके गैर मैत्रीपूर्ण व्यवहार का प्रतीक समझा जाता है।
2. कभी भी सामूहिक परिचर्चा के दौरान समन्वयकों की तरफ न देखिए।
3. अपनी स्टाइल के अनुसार लीडरशिप की स्थिति विकसित करने की कभी भी कोशिश न करें।
4. कभी भी बिल्कुल विरोधी विचार व्यक्त करते हुए अपने से पहले वाले के कहे हुए वक्तव्य को काटने की गलती न कीजिए।
5. कभी भी उद्धत रीति से किसी व्यक्ति के विचार से पूर्ण असहमति न व्यक्त कीजिए। बेहतर तो यह होगा कि आप कुछ इस तरह के डिप्लोमेटिक तरीके

से अपनी बात प्रस्तुत करें–"मैं आपके विचार से पूर्णतया सहमत हूं किंतु मैं यह कहना चाहूंगा कि.....

6. कभी भी सामूहिक परिचर्चा के समय अपना हौसला न खोइए। याद रखिए कि अन्य सभी प्रतिभागी लगभग आपकी ही उम्र, बुद्धिमत्ता और क्षमता वाले हैं। अतः उनसे डरने की कोई जरूरत नहीं है।
7. कभी भी अपनी बात कहते समय नाटकीय न बनिए, सहज रहने की कोशिश करें। आप अपनी खुद की बोली या Accent का ही प्रयोग करें और दूसरे किसी व्यक्ति के स्टाइल का अनुकरण न करें। याद रखें कि जब कोई व्यक्ति सहज रहता है तभी अपनी सबसे अच्छी प्रस्तुति कर पाता है।
8. सामान्य से बिल्कुल अलग हटकर कोई प्रस्तुति न करें। औरों से श्रेष्ठ होने की भावना का प्रदर्शन आपको अकेला कर सकता है। अतः दूसरों पर हावी मत होइए।
9. दूसरे की बहुत अधिक तारीफ भी न करें, केवल Sincere रहिए।
10. कभी भी किसी अन्य सदस्य से आमने-सामने बहस की परिस्थिति आने को टालिए, आप असहमत हो सकते हैं लेकिन बहुत विनम्रता एवं चतुराई से इसे टालने की कोशिश करें। कभी भी आक्रामक एवं Rude मत होइए।
11. कभी भी मुंह में ही अस्पष्ट ढंग से मत बोलिए। साफ-साफ निडर होकर आत्मविश्वास के साथ बोलिए। यह मत प्रदर्शित कीजिए कि आप सामूहिक परिचर्चा में सिर्फ रिक्त स्थान भरने के लिए हैं।
12. कभी भी तकिया कलाम या Pet Words मत प्रयोग करें। कुछ लोगों की आदत हो जाती है कि परिस्थिति का विचार किए बिना ही कुछ शब्दों या वाक्यांशों और मुहावरों का बार-बार इस्तेमाल करने लगते हैं।
13. कभी भी सतही, अधिक ध्वनि करने वाले शब्द या मुहावरे का प्रयोग न करें। कभी भी फ्रेंच, लैटिन या ऐसे अन्य शब्दों को इस्तेमाल न करें।
14. बढ़ा-चढ़ाकर मत बोलिए। सस्ते तथा फूहड़ शब्दों (Slangs) का प्रयोग टालिए।
15. कभी भी प्रथम पुरुष के रूप में अपने अनुभवों की व्याख्या न करें। यह बचपना है। अपने अनुभवों को बताना भी चाहें तो Generalise करके बताएं।

सामान्य प्रश्न

सामूहिक परिचर्चा के समय परेशानी की स्थिति आने पर प्रायः कई विद्यार्थी ये प्रश्न करते हैं।

प्रश्न 1. मैं अकसर बोलना चाहता हूं लेकिन जो कहना चाहता हूं उसे कोई सुनना नहीं चाहता।

उत्तर—बहुत संभावना यह है कि आपने कुछ कहा ही नहीं, तो दूसरे के सुनने या न सुनने का प्रश्न तो बाद में आता है। यह एक बड़ी मानसिक अवरोध की स्थिति है जिसका आप सामना कर रहे हैं। कुछ समयों पर जो आप महसूस करते हैं कि आपने कुछ कहा, आप सिर्फ मुंह में मिमियाए ही थे। और फिर सोचने की बात यह है कि दूसरों को अपनी बात कहने का मौका कैसे मिला और आप को ही क्यों नहीं मिला? इसके जवाब में ही आपके प्रश्न का जवाब निहित है।

प्रश्न 2. मैं एक विशेष विचारधारा या Stand के साथ अपनी बात शुरू करता हूं। लेकिन दूसरों के द्वारा कहे गए संतुष्ट करने वाले तर्क (Convincing Arguments) मुझे अपने कथन पर पुनर्विचार के लिए प्रेरित करते हैं, तो क्या तब मुझे अपने विचारों को बदल लेना चाहिए।

उत्तर—नहीं ! यदि आपका Stand कमजोर है तो यह आपकी गलती है। विषय पर अधूरी जानकारी भी एक कारण हो सकती है। और एक व्यक्ति जब किसी बात पर 15-20 मिनट के लिए नहीं टिक सकता तो वह जिंदगी में किसी बात पर कैसे टिकेगा ? इसका मतलब वह दृढ़ व्यक्ति नहीं है।

प्रश्न 3. यदि दिया गया विषय बहुत कठिन है और मुझे उसके सिर-पैर का बिल्कुल कुछ पता नहीं है तो मुझे क्या करना चाहिए?

उत्तर—इंतजार करिए, सुनिए और ध्यान दीजिए। कुछ दूसरे लोग जो बात शुरू करेंगे, अपने आप ही विषय की व्याख्या करेंगे और तब आप उसमें मौका मिलते ही विचारों के साथ कूद पड़िए।

प्रश्न 4. क्या यह आवश्यक है कि जो परिचर्चा को प्रारंभ करता है वही हमेशा चुना जाता है?

उत्तर—नहीं, बिल्कुल ऐसा नहीं है। यह तो सामूहिक परिचर्चा के समय आपके संपूर्ण प्रदर्शन या Overall Performance पर निर्भर है।

प्रश्न 5. क्या दूसरों पर प्रभाव डालने के लिए मुझे बुलंद आवाज में बोलना चाहिए?

उत्तर—आप एक राजनीतिक नहीं शिक्षित व्यक्ति हैं। अतः ऐसा सोचना बंद कीजिए कि सामूहिक परिचर्चा में केवल बुलंद आवाज में बोलने या चिल्लाने से आप दूसरों पर प्रभाव डाल लेंगे। सही प्रभाव तो जानकारियों पर आधारित तर्कों से आएगी। मधुर तथा सौहार्दपूर्ण तरीके से बोलने का असर ज्यादा होगा तथा केवल तेज आवाज में बोलने से विशेष असर नहीं होगा।

प्रश्न 7. सामूहिक परिचर्चा (जी डी) के अंतर्गत उठाए जाने वाले विभिन्न बिंदुओं को क्या हमें लिखते रहना चाहिए?

उत्तर—नहीं। जल्दी ही आप महसूस करेंगे कि इस प्रकार से विभिन्न बिंदुओं को लिखने की कोशिश एक निरर्थक प्रयास है। केवल ध्यान से लोगों की बातें सुनिए। यही यथेष्ट होगा।

प्रश्न 8. यदि समूह के दो व्यक्ति लगातार एक-दूसरे से ही बातें करते रहें तो हम क्या करें?

उत्तर—आप सीधे-सीधे विनम्रता से उनसे निवेदन कर सकते हैं कि वे दोनों व्यक्ति छोटा अलग समूह बनाने के स्थान पर पूरे समूह से बातचीत करें। प्रायः इस प्रकार की सीधी अपील का सकारात्मक असर पड़ता है।

सामूहिक परिचर्चा को किस प्रकार बिगाड़ें?

यदि आपने तय कर लिया हो कि आपको अपनी सामूहिक परिचर्चा बिगाड़नी ही है तो यहां इसके लिए हम कुछ उपयोगी टिप्स प्रदान करते हैं :

1. शुरू से ही तेज चिल्लाकर बोलना शुरू कर दीजिए। इस तरह से आप सुनिश्चित कर सकते हैं कि किसी और व्यक्ति को कोई अन्य बात कहने का मौका न मिले। यह भी देख लीजिए कि यदि अन्य कोई व्यक्ति चिल्लाकर बोलता है तो आपको आक्रामक और धमकी भरी मुद्रा बना लेनी चाहिए। इस विषय में मुट्ठी का भी प्रयोग कर सकते हैं।
2. अपने विचार (Stand) को लगातार बदलते रहिए।
3. जो कुछ भी दूसरे कहें उसे हमेशा काटने की कोशिश करें।
4. पूरी सामूहिक परिचर्चा के दौरान अपने चेहरे पर एक कुटिल रहस्यात्मक मुस्कराहट बनाए रखिए। इस प्रकार आप सभी परीक्षकों को यह एहसास दिला सकेंगे कि आप समूह के अन्य सदस्यों से बेहतर एवं श्रेष्ठतर हैं।
5. समूह के कुछ अन्य सदस्यों को बातचीत के बीच मुंह बंद करने का आदेश दीजिए।
6. बीच-बीच में 'यार' जैसे Pet Words का प्रयोग करें। इससे संपूर्ण कार्य-कलाप में आत्मीयता की अनुभूति व्याप्त होगी।
7. तेजी से खिल-खिलाकर हंसिए, यह प्रदर्शित करेगा कि आप एक विनोदी तथा मनोरंजक व्यक्ति हैं।
8. दूसरों की गलतियों को ध्यान दीजिए तथा उनका मजाक उड़ाइए।
9. चेहरे पर निर्विकार भाव लाइए। बीच-बीच में जम्हाई भी लेते रहिए।

10

साक्षात्कार : क्यों और कैसे?

जिस प्रकार से बायोडाटा का यह उद्‌देश्य होता है कि आपको साक्षात्कार की पायदान तक ले जाए, उसी प्रकार से साक्षात्कार का उद्‌देश्य यह होता है कि आपको नौकरी मिलने के पायदान तक ले जाए। साक्षात्कार को अंग्रेजी में 'इंटरव्यू' कहते हैं, जिसका शाब्दिक अर्थ होता है–'दो के बीच का दृश्य' या 'दो के बीच का दृष्टिकोण'। नौकरी के मामले में इंटरव्यू या साक्षात्कार नियोक्ता या चयनकर्ता एवं आवेदनकर्ता के बीच की मुलाकात है। साक्षात्कार के दौरान नियोक्ता या एंप्लायर का उद्‌देश्य तो यह होता है कि ऐसे आवेदनकर्ता का चयन करें जो उसके कंपनी में सेवा दे सकने लायक हो तथा आवेदनकर्ता का उद्देश्य यह मालूम करना होता है कि वह कंपनी उसकी जरूरत के अनुसार नौकरी दे सकने लायक है अथवा नहीं?

किसी पद के लिए आपके प्रथम साक्षात्कार के समय आपकी योग्यताएं एवं क्षमताएं तो पृष्ठभूमि में रहती हैं। आपको नौकरी देने वाला नियोक्ता यह समझता है कि किसी विशेष प्रकार के कार्य के लिए ट्रेनिंग देने में तो अपेक्षाकृत कम समय की जरूरत होती है, किंतु आपके व्यक्तित्व की कमियों को दूर करने में ज्यादा समय लग सकता है। इसीलिए नियोक्ता (Employer) की वरीयता यह होती है कि वह आशावादी तथा सकारात्मक दृष्टिकोण वाले ऐसे व्यक्तियों को चुने, जिन पर वह कार्य की जिम्मेवारी देकर भरोसा कर सके।

सभी नियोक्ता अपने कर्मचारियों में जिन गुणों की अपेक्षा रखते हैं उनमें ईमानदारी सबसे मौलिक गुण है। ईमानदारी का मतलब यह है कि न सिर्फ आप चोरी और झूठ बोलने से अलग रहें, बल्कि आप बिना किसी देखभाल के अपना पूरे दिन का कार्य करें। समय का ध्यान रखें तथा दूसरों के अधिकार-क्षेत्र का आदर करें और न्याय की भावना रखें तथा अपने सभी समझौतों में स्वच्छता बरतें। एक संभावित नियोक्ता आपसे ईमानदारी के लिए सीधे-सीधे सवाल नहीं करेगा, लेकिन वह आपके कार्य-कलाप और व्यवहार में इन गुणों के लक्षण पर अवश्य ध्यान देगा।

दूसरों की जरूरतों का ध्यान रखना एवं जिम्मेदारियों का एहसास जैसे आवश्यक गुण भी ईमानदारी के गुण के साथ संबंधित हैं। आपको अपने भावी नियोक्ता को विश्वास दिलाना पड़ेगा कि आप उसके संगठन एवं संस्था में नीर-क्षीर विवेक के साथ फिट हो जाएंगे और आप एक निर्भर करने लायक एवं कर्तव्यनिष्ठ कार्यकर्ता साबित होंगे। जब कभी भी एक नियोक्ता पत्नी एवं बच्चों के परिवार वाले एक पैंतीस वर्षीय विवाहित युवक को उसकी उम्र के एक अविवाहित युवक की तुलना में चयन कर लेता है तो प्रायः ऐसा इसलिए होता है, क्योंकि नियोक्ता उम्मीद करता है कि पारिवारिक जिम्मेवारियों से युक्त विवाहित युवक में जिम्मेवारी का एहसास अधिक होता है, क्योंकि शायद एक अकेला आदमी ज्यादा समय केवल अपने बारे में ही सोचता रहता होगा।

अतः कुंवारे को अपनी गतिविधियों से उनकी तरफ ध्यान दिलाना चाहिए जिनमें अन्य सहयोगियों के साथ सहभागिता एवं दूसरों के प्रति जिम्मेवारी का एहसास परिलक्षित होता हो। निश्चय ही एक विवाहित व्यक्ति को भी सिर्फ विवाहित होने के कारण सौहार्दपूर्ण होने की गारंटी नहीं मिल जाती। उसे भी अपने कार्य-कलाप और सामान्य व्यवहार और आचार-विचार के माध्यम से अपनी गुणवत्ता को प्रदर्शित करना पड़ेगा। चूंकि साक्षात्कार सहलग्नता और विचार विनिमय की सीधी प्रक्रिया है, अतः इसमें काट-छांट की बहुत कम गुंजाइश होती है।

अपने लक्ष्य को जानिए : एक भावी नियोक्ता की अभिरुचि इस बात में रहती है कि मूल्यों के प्रति आपका दृष्टिकोण और कार्य संपादन के प्रति आपकी प्रवृत्ति क्या है? आप जीवन से क्या चाहते हैं? आप किन लक्ष्यों की तलाश में हैं? आपकी अंदरूनी प्रेरणाएं क्या हैं? क्या आप महत्त्वाकांक्षी हैं? आप अपने काम से क्या लक्ष्य पाना चाहते हैं? क्या अपनी क्षमताओं के इस्तेमाल से आप अपने अंतःकरण की संतुष्टि चाहते हैं या समाज को कुछ देना चाहते हैं या आप अपने काम से प्रसिद्धि या राजनीतिक शक्ति पाना चाहते हैं? कुछ लोग अपनी नौकरी के माध्यम से समाज में प्रतिष्ठा, धन-समृद्धि, घर का आराम, सेवा निवृत्ति के बाद का आराम, नौकरी में सुरक्षा या यात्रा के माध्यम से देशाटन से होने वाली खुशी में खुश हो लेते हैं। किसी नौकरी के लिए आवेदन करते समय आपको विचारों में निश्चित होना चाहिए कि आप क्यों उस नौकरी को करना चाहते हैं या क्यों एक निर्धारित वेतनमान की अपेक्षा करते हैं। साक्षात्कारकर्ता आपसे इस प्रकार के प्रश्नों के जवाब की इच्छा रख सकता है। साक्षात्कारकर्ता के जवाब में यह मत कहिए कि आप सिर्फ पैसे के लिए इस नौकरी को चाहते हैं। आपको इसके आगे भी सोचना चाहिए और आधारभूत लक्ष्यों की प्राप्ति के संबंध में अपनी रुचि और अभिरुचि का भी वर्णन

करना चाहिए। पहले आप अपने मन और मस्तिष्क में इन लक्ष्यों की रूप-रेखा स्पष्ट कर लीजिए, जिससे आपको जब साक्षात्कारकर्ता से इस विषय पर चर्चा और वार्तालाप करना हो तब आप बुद्धिमानी से और स्पष्टता से इन बातों को जब पूछा जाए तो कह सकें।

आपके चरित्र और मौलिक अभिरुचि की गंभीरता के बारे में निश्चिंत हो जाने के अलावा, एक नियोक्ता यह भी जानना चाहता है कि आपके अंदर अपने कार्य संबंधी मामलों में सही निर्णय लेने की योग्यता है या नहीं। इस गुण को कभी-कभी व्यावसायिक बुद्धिमत्ता या Occupational Intelligence भी कहा जाता है। नियोक्ता जानते हैं कि किसी नौकरी में सफलता से कार्य करने के लिए कुछ हुनर की महारत हासिल करने के अलावा भी कुछ गुण आवश्यक होते हैं। वे ऐसे लोगों को पसंद करते हैं जो किसी व्यवसाय या Job की जटिलताओं के प्रति जागरूक होते हैं, संबंधित व्यक्तिगत संबंधों के विभिन्न पहलुओं को समझते हैं तथा नई और कठिन स्थितियों से निबटने में समर्थ और Resourceful होते हैं। एक व्यावसायिक रूप से बुद्धिमान व्यक्ति समय की कीमत (अपने से संबंधित तथा नियोक्ता से संबंधित दोनों समय) समझता है। वह गलतियों के प्रति चौकन्ना रहता है तथा उन नई जानकारियों के प्रति संवेदनशील रहता है जो उसकी कार्य-क्षमता में अभिवृद्धि कर सकते हैं। यदि आप ऐसे गुण वाले व्यक्ति हैं तो निश्चय ही ऐसे व्यक्ति हैं जिनकी नियोक्ता को तलाश है।

एक नियोक्ता की अभिरुचि हमेशा इस बात में रहती है कि नौकरी के लिए आवेदनकर्ताओं में कुछ विशेष या अपवाद रूप गुण (Exceptional Qualities) हों, जैसे सामान्य से अधिक रचनात्मकता, कल्पनाशीलता, विश्लेषण की क्षमता, नेतृत्व या प्रशासनिक योग्यता। यदि आपके अंदर इनमें से कोई भी एक या दो क्षमता मानक स्तर की है तो आपको इसके बारे में अपने संभावित नियोक्ता को अवगत कराना चाहिए। यदि आपने किसी दूसरी कंपनी में किसी विभाग को पुनः व्यवस्थित एवं संगठित किया और इस प्रकार उनकी कार्य क्षमता में अभिवृद्धि की या आपको अपने किसी काम को पूरा करने के उपलक्ष्य में कोई पुरस्कार मिला तो इसके बारे में उन्हें बताएं। इससे यह पता चलता है कि आप रोज के सामान्य नियमित कार्यों के अलावा संस्था के विकास में भी गहरी अभिरुचि ले सकते हैं।

एक अच्छा पहला प्रभाव डालने की कुंजी (Key to make a good first Impression) : आपके व्यक्तिगत लक्षणों में सबसे महत्त्वपूर्ण आपका भौतिक शारीरिक प्रदर्शन, पहनावा एवं आपकी बातचीत है। इन्हीं बाहरी गुणों के आधार पर हम दूसरे लोगों पर अपना पहला प्रभाव डालते हैं जिसका असर अकसर लंबे

समय तक रहता है। यदि नियोक्ता पर आपका पहला प्रभाव ही Unfavourable है तो आपके लिए उसके ऊपर प्रभावशाली प्रस्तुति कर पाना बहुत ही मुश्किल हो जाता है।

एक आकर्षक शारीरिक प्रस्तुति (Effective Physical Appearance) का प्रारंभिक बिंदु है स्वच्छता तथा सुघड़ता (Neatness and Cleanliness)। क्या आप रोज सवेरे आधे घंटे एवं रात को सोने से पहले आधे घंटे अपने रूप-रंग और शारीरिक आकर्षण को बनाए रखने के लिए खर्च करते हैं? क्या आपके बाल साफ, अच्छी तरह से कटे हुए और करीने से कंघी किए हुए हैं? आपके औपचारिक कपड़े क्या होते हैं? अपने जीवन के प्रारंभ में ही मालूम कीजिए कि किस प्रकार के कपड़े आपके व्यक्तित्व से मेल खाते हैं। यदि जरूरत हो तो इस क्षेत्र के किसी Professional की भी राय लीजिए। विशेष अवसरों के लिए उपयुक्त या Appropriate कपड़े ही पहनिए। नौकरी के साक्षात्कार के लिए जाते समय आपको Business Clothes की जरूरत होगी। उस समय वे कपड़े नहीं चलेंगे जिन्हें आप खेलकूद के समय पहनते हैं। आपके कुछ बोलने से पहले ही साक्षात्कारकर्ता आपके कपड़ों पर दृष्टि डालेगा और एक प्रकार की राय बना लेगा। शीशे के सामने खड़े होकर एक आलोचनात्मक दृष्टि डालें। यदि आपको कुछ भी ऐसा दिखाई दे जिसके बारे में आप सोचते हैं कि सुधार किया जा सकता है तो तुरंत उस सुधार को शुरू कर दीजिए। कोशिश कीजिए कि नौकरी पाने के मामले में आपके Physical Appearance की भागीदारी भी आपके संपूर्ण व्यक्तित्व की अभिवृद्धि करे।

चाल-चलन (Deportment) : आप किस प्रकार से खड़े होते हैं और चलते हैं, इसे Deportment कहते हैं। एक प्रसन्न शारीरिक व्यक्तित्व के प्रस्तुतिकरण में अच्छे Deportment का भी योगदान रहता है। अच्छे तमीज और Manners की आवश्यकता को भी समझिए और सभी के साथ उनका अभ्यास तब तक करिए कि वे आपकी आदत में शामिल हो जाएं। तमीज और अच्छे Manners unobtrusive होते हैं, अर्थात लोगों का ध्यान नहीं आकर्षित करते। अतः वे लोगों के द्वारा Notice नहीं किए जाते। ये ऐसे व्यवहार हैं जो समुचित, सौहार्दपूर्ण और स्वाभाविक होते हैं। अपने Deportment की यदि कोई कमियां हैं तो उन्हें दूर करने के लिए सामाजिक आकर्षणयुक्त, शांत, धीर, गंभीर व्यक्तियों के खड़े होने और चलने के ढंग का अध्ययन कीजिए। ध्यान से देखिए कि पुरुषों और महिलाओं से बर्ताव करते समय वे कैसा व्यवहार करते हैं। तमीज तथा अच्छे Manners आपको अपने कैरियर की हर सीढ़ी पर मदद करेंगे।

क्या न करें? कुछ विशेष प्रकार के प्रदर्शन और प्रस्तुतिकरण हमेशा ही एक गलत असर डालते हैं। आपको उन गलतियों को जानना चाहिए और जहां तक संभव हो उन्हें टालना चाहिए। उदाहरण के लिए व्यक्तिगत साक्षात्कार के समय आप सहज हों लेकिन यह दिखाने की कोशिश न करें कि आप अनौपचारिक या At ease हो रहे हैं। बातचीत के दौरान "आपके और मेरे बीच में", "मैं इस बात को किसी और से नहीं कहूंगा" या "माई गॉड" इस प्रकार के गैर व्यवसायी मनोभावों को न प्रस्तुत करें। ध्यान रखें कि आपको मैत्रीपूर्ण (Friendly) तो होना है लेकिन घरेलू या familiar होने की चेष्टा नहीं करनी है। ऐसे मनोभावों (Gestures) से बचिए जो साक्षात्कारकर्ता को उस समय चल रहे वार्तालाप के संदर्भ से ध्यान बंटा दे। तात्पर्य यह है कि आप अपने बालों को संवारने, जीभ से दांतों को साफ करने, नाखूनों की परीक्षा करने, कान खुजाने या साक्षात्कारकर्ता की कुर्सी के पीछे दीवार पर लगी हुई तस्वीर देखने की कोशिश न करें।

अच्छे सुनने वाले बनिए (Be a good Listner) : क्या आप एक अच्छे सुनने वाले हैं? यह गुण व्यापार-रोजगार में जितना आवश्यक है उतना ही सामाजिक परिस्थितियों में भी फायदेमंद है। नौकरी करते समय आपको निरंतर दूसरों की भी सुननी पड़ेगी। आपके अधीनस्थ, आपके सहयोगी, आपके वरिष्ठ सहयोगी, आपके ग्राहक या client इन सबकी बातें सुननी पड़ेंगी। दूसरा व्यक्ति जो कुछ भी कह रहा है, उसके लिए उतना ही महत्त्वपूर्ण है जितना कि आप जब कोई बात कह रहे हों तो वह बात आपके लिए महत्त्वपूर्ण होती है। इसीलिए जब दूसरा कोई बात कह रहा हो तो उसे अपनी बात पूरी कर लेने दीजिए तभी आप अपना विचार रखिए। दूसरे के वक्तव्य को समझना आवश्यक है, तभी आप उसका बुद्धिमत्तापूर्ण जवाब दे सकेंगे।

अपनी आवाज को टेपरिकार्ड करके सुनिए : आपकी आवाज दूसरे को कैसी सुनाई देती है, इसकी जांच करने का सबसे अच्छा तरीका यह है कि जब आप अखबार का एक लेख पढ़ रहे हों, तो उसकी पांच मिनट की टेपरिकार्डिंग करें। ऐसे पैराग्राफ को चुनें जिसमें अधिक से अधिक वे शब्द शामिल हों, जिन्हें आप रोजमर्रा की बातचीत में इस्तेमाल करते हैं। इसके बाद रिकार्डेड टेप को ध्यान से सुनिए। इसे सुनकर आपको अंदाजा लग जाएगा कि आप स्पष्ट और साफ-साफ बोलते हैं या आपकी आवाज बीच-बीच में लड़खड़ाती (slur) है। कही आपकी आवाज की तीव्रता या पिच बहुत ऊंची तो नहीं है? कहीं आप की आवाज नीरस और उबाऊ (monotonous) तो नहीं है? यदि आप खुद अपनी आवाज से संतुष्ट नहीं हैं तो

उनकी कमियों को दूर करने पर ध्यान दीजिए। बुलंद आवाज में पढ़ने की प्रैक्टिस कीजिए और सबसे महत्त्वपूर्ण बात तो यह है कि आपकी प्रतिदिन-बोलने की आदत का अभ्यास कीजिए। इसके बाद अपनी बोली में सुधार की जांच करने के लिए पुनः रिकार्डिंग कीजिए।

फिर भी, एक खुश करने वाली मधुर आवाज के साथ-साथ आप क्या बोलते हैं, यह भी बहुत महत्त्वपूर्ण है। अपने विचारों को सही और स्पष्ट ढंग से प्रस्तुत करने की आदत डालिए। इसके करने के लिए, बोलने से पहले आपको अवश्य ही सोचना चाहिए। कुछ शब्द बेहद अनौपचारिक होते हैं और कुछ खास तबके के लोग ही इस्तेमाल करते हैं। ऐसे शब्दों को Slang कहते हैं। इनके इस्तेमाल से बचना चाहिए। धार्मिक शब्दों को गलत ढंग से प्रयोग करने को Profanity कहते हैं। ऐसे अपवित्र शब्दों के इस्तेमाल से भी बचना चाहिए। दूसरों के बारे में कमेंट करते समय आपको विनम्र और सौहार्दपूर्ण होना चाहिए। तीक्ष्ण आलोचना को जहां तक संभव हो, टालना चाहिए। कभी भी अपने को श्रेष्ठ दिखाने की कोशिश में दूसरे को नीचा नहीं दिखाना चाहिए। यदि आप अपने भूतपूर्व नियोक्ता तथा व्यवसाय के सहयोगियों की भावी नियोक्ता के समक्ष बुराई करेंगे तो वह कल अपने बारे में भी आपके द्वारा इसी प्रकार की आलोचना की आशंका कर लेगा। अपने बोलने के लहजे के बारे में कभी भी यह न सोचिए कि आप परफेक्ट (Perfect) हो गए हैं, हमेशा उसमें सुधार लाने की कोशिश करते रहिए। अपनी भावनाओं को अच्छी तरह से प्रस्तुत कर सकने की योग्यता आपके सफल कैरियर के लिए एक वरदान साबित होगी।

साक्षात्कार के दिन की तैयारी कैसे करें : अनुभवी साक्षात्कारकर्ता सभी संबंधित जानकारियों की योजना बना लेते हैं? वे प्राप्त होने वाली सभी जानकारियों एवं साक्षात्कार देने वाले अभियुक्त की प्रतिक्रियाओं को रिकार्ड कर लेते हैं। इसी प्रकार से साक्षात्कार देने वाले प्रतिभागी को भी कक्ष में प्रवेश करने से लेकर बाहर निकलने तक सभी बातों एवं साक्षात्कार की पूरी तरह से तैयारी कर लेनी चाहिए। चूंकि आवेदनकर्ता के लिए साक्षात्कार का उद्देश्य उस नौकरी से संबंधित कार्यों की जानकारी प्राप्त करना रहता है, अतः आप कंपनी के बारे में क्या-क्या जानकारियां पाना चाहते हैं और उस पद की क्या जिम्मेवारियां हैं, इनसे संबंधित प्रश्नों की भी पहले से ही योजना बना लेनी चाहिए। यह एक बेहतर तरीका है कि आप किसी पद की जिम्मेवारियों को शृंखलाबद्ध कर लें और फिर यह देख लें कि आपकी खुद की क्षमताएं उन अपेक्षाओं के कितने अनुरूप हैं। क्योंकि कभी-कभी विभिन्न कंपनियों के कार्यों में जिम्मेवारियां एवं अपेक्षाएं अलग-अलग प्रकार की हो सकती

हैं। आपकी पृष्ठभूमि, पिछली नौकरी, शिक्षा तथा आपके बायो-डाटा में जो भी बातें लिखी गई थीं उन सबके बारे में स्पष्ट एवं परिपूर्ण जानकारी दे सकने के लिए आपको तैयार रहना चाहिए। इसलिए साक्षात्कार में जाने से पहले इन सभी बातों को दुहरा लीजिए जिससे वे सभी जानकारियां आपके मन एवं मस्तिष्क में ताजी रहें। यदि आप उससे कुछ अलग हटकर प्रस्तुति की योजना बना रहे हों तो भी आप अपनी उस बायो-डाटा की एक प्रति साक्षात्कार के समय अवश्य साथ ले जाएं, वैसे तो साक्षात्कार के समय भी आपके पास कंपनी के बारे में पूछने के लिए कुछ प्रश्न हो सकते हैं, फिर भी आप जितनी कुछ जानकारी पहले से प्राप्त कर सकते हैं, उसे जान लेना चाहिए। इस प्रकार की जानकारी साक्षात्कार लेने वाले के सामने यह इंगित करेगी कि आपको उस कंपनी में कार्य करने में वास्तविक अभिरुचि है। यदि आप उस कंपनी के कार्य प्रणाली के बारे में साक्षात्कार लेने वाले के साथ बुद्धिमानी से विचार विमर्श कर सकें तो आप उनके साथ एक बेहतर सामंजस्य और तादात्म्य स्थापित कर लेंगे। पृष्ठभूमि की जानकारियों को छोड़कर साक्षात्कार के समय आपके पास का अधिकांश समय कार्य की विशिष्टताओं के विषय में चर्चा के लिए उपलब्ध रहेगा। एक विशेष बात यह भी है कि साक्षात्कार के लिए आपको समुचित एवं अवसर के अनुकूल पोशाक धारण करना चाहिए। वैसे तो आजकल व्यापार जगत में चमकीले भड़कीले रंग तथा विभिन्न स्टाइल के वस्त्रों के लिए पहले से अधिक स्वीकृति है, फिर भी आपके लिए सबसे सुरक्षित यही रहेगा कि पारंपरिक या कन्जर्वेटिव वस्त्र ही पहनें।

साक्षात्कार में पहुंचते समय (Arriving at the Interview) : हर कार्य को निर्धारित समय पर ही करें और Punctual बनें। इसका मतलब यह नहीं है कि आप निर्धारित समय से बहुत पहले पहुंच जाएं। निर्धारित समय से सिर्फ पांच-दस मिनट पहले पहुंचें, जिससे साक्षात्कार लेने वाले को पता चल जाए कि आप निर्धारित समय के अनुसार आ गए हैं और शिड्यूल या कार्यक्रम को समय से प्रारंभ किया जा सके। यदि आप लेट हो जाएं तो वह शायद यह सोच सकता है कि आप साक्षात्कार में नहीं appear होंगे और वह कुछ दूसरा काम शुरू कर दे, जिसे आप के पहुंचने पर वह छोड़ नहीं सके। यदि परिस्थितियां ऐसी प्रतिकूल हों कि आप दुर्घटना या ट्रैफिक जाम के कारण लेट होने को टाल न सकें तो टेलीफोन की मदद लेने की कोशिश कीजिए। दूसरी ओर, यदि आप को पंद्रह-बीस मिनट से ज्यादा इंतजार करना पड़ रहा हो तो भी आप रिसेप्शनिस्ट या सेक्रेटरी से पूछ सकते हैं कि क्या कोई असुविधा हो गई है एवं क्या किसी और निर्धारित समय पर साक्षात्कार के लिए आना पड़ेगा? कभी-कभी विषम परिस्थितियां आ सकती हैं और यदि किसी

कारण से साक्षात्कार का समय Postpone हो जाए तो क्रोध न करें। ऐसे मामले में गुस्सा करने में समझदारी नहीं है।

साक्षात्कार के समय क्या करें : जब तक आपसे बैठने के लिए न कहा जाए, मत बैठिए। अपनी सिगरेट एवं पान-मसाला को अपनी जेब के अंदर न रखिए। यदि साक्षात्कार करने वाला आपको सिगरेट पेश करे तो भी विनम्रता से धन्यवाद देते हुए मना कर दें। आपके पास उस समय माचिस और ऐश-ट्रे की चिन्ता करने के अलावा अन्य दूसरी प्राथमिकताएं रहेंगी। वार्तालाप अपनी ओर से शुरू करने के लिए भी आप तैयार रहें। नियोक्ता नौकरी के आवेदन में किस चीज की अपेक्षा कर रहा है और आप किस तरह से उन अपेक्षाओं के अनुरूप हैं? आपने अपने आवेदन-पत्र में शायद लिखा होगा कि आप इस कंपनी के लिए कार्य करना पसंद करेंगे। अब आपके लिए यह अवसर है कि आप इसकी व्याख्या करें कि आपने यह वक्तव्य क्यों दिया। आप वह व्यक्ति हैं जिसे इस साक्षात्कार की तलाश थी। इसका दूसरा पहलू यह है कि साक्षात्कार लेने वाला खुद ही बातचीत शुरू कर दे। यदि ऐसा हुआ तो तैयार रहिए और उसका प्रश्न खत्म होने के एक सेकंड बाद तुरंत जवाब दीजिए। प्रश्नकर्ता के प्रश्न पूछने के बीच में ही जवाब देना मत शुरू कीजिए। सुनना भी एक कला है और आप जब तक प्रश्नकर्ता की कही हुई बात को ध्यान से नहीं सुनेंगे, उसका अक्लमंदी से जवाब नहीं दे पाएंगे। कभी-कभी आपका जवाब पूरा नहीं हुआ और इसके पहले ही प्रश्नकर्ता दूसरा सवाल पूछ लेता है, ऐसी परिस्थिति में वह बोलना शुरू करे तो उसी समय आप चुप हो जाइए।

आपका सही रवैया या Positive Attitude आवश्यक है। यदि आप ऐसा असर डालेंगे कि आप सही मामले में दिलचस्पी नहीं रखते तो यकीन मानिए कि थोड़ी देर के बाद ही आप पाएंगे कि वह साक्षात्कार लेने वाला भी interested नहीं है और आपके प्रति दिलचस्पी नहीं दिखाएगा। सकारात्मक बनिए और बिना डरे हुए कंपनी एवं उस नौकरी के प्रति अपनी जिज्ञासा और अभिरुचि प्रदर्शित कीजिए। वैसे तो आपको अपनी खुद की विचारधारा रखने का हक है और कोई जरूरी नहीं है कि आप साक्षात्कार लेने वाले के सभी विचारों से सहमत हों, फिर भी संपूर्ण साक्षात्कार के दौरान शांत एवं मैत्रीपूर्ण रहिए। यदि आपने अपनी किसी भी गतिविधि द्वारा बोरियत या आवेश की अनुभूति प्रस्तुत कर दी तो आपको शायद तुरंत साक्षात्कार का समय घट जाने का सामना करना पड़े।

कभी-कभी ऐसा भी हो सकता है कि आपका साक्षात्कार किसी ऐसे व्यक्ति द्वारा लिया जा रहा हो जिसके पास कॉलेज और विश्वविद्यालय की उतनी डिग्रियां न हों जितनी आपके पास हों। ऐसे व्यक्ति को भी आप पूरा सहयोग और आदर

दीजिए, अपनी श्रेष्ठता प्रदर्शित करने की कोशिश न कीजिए। कुछ साक्षात्कारों के बाद यह अपेक्षा की जाती है कि आप साक्षात्कार के बारे में अपनी प्रतिक्रिया लिखित रूप से submit करें। अतः अपनी शैक्षणिक योग्यता का विवरण देने के बाद साक्षात्कार देने वाले को अपनी Reaction Report भी पूरी करके जमा करनी चाहिए। यदि आप दूसरे व्यक्ति की सुविधा का ख्याल रखते हुए उसे जहां तक संभव हो आसान बनाएंगे, उसकी प्रतिक्रिया निश्चय ही आपके पक्ष में होगी। जिस नौकरी के लिए आप साक्षात्कार दे रहे हैं, उसके संबंध में आवश्यक जानकारियां प्राप्त करने का आपको पूरा हक है। अतः नौकरी के कार्यों, कंपनी का संगठन, पदोन्नति के निर्धारित मानक और इस प्रकार के संबंधित विषयों पर सवाल पूछने के समय आपको डरने एवं संकोच करने की जरूरत नहीं है। निस्संदेह उस समय साक्षात्कार लेने वाला भी आपसे प्रश्न पूछ कर यह जानने की कोशिश करेगा कि आप उस नौकरी के लिए उपयुक्त व्यक्ति हैं या नहीं। इससे तुरंत पहले आप जिस नौकरी में थे उसके बारे में एवं आपके जीवनवृत्त में लिखे गए अन्य आइटम्स के बारे में वह प्रश्न पूछ सकता है। यह सुनिश्चित कीजिए कि आप अपनी पिछली नौकरी में किए जा रहे विभिन्न कार्य-कलापों के बारे में संक्षिप्त किंतु बुद्धिमत्तापूर्ण ढंग से तथा अपनी विशिष्ट योग्यताओं के बारे में बात कर सकते हैं।

बातचीत में आप फ्रैंक बनिए लेकिन जहां तक संभव हो अपनी पिछली कंपनी एवं सहयोगियों के बारे में आलोचना की स्थिति को टालना याद रखिए। यदि पिछले Employer के बारे में आपके मन में कोई गांठ हो तो उसे अपने मन के अंदर ही छिपाए रखिए। साक्षात्कार के समय अपनी पिछली नौकरी के सुखद एवं रचनात्मक पक्ष को ही प्रस्तुत कीजिए। यदि कोई ऐसा अवसर उपस्थित हो तो अपनी पिछली कंपनी के बारे में कुछ श्रेष्ठ एवं उत्कृष्ट अनुभूतियों पर प्रकाश डालना एक अच्छा विचार है। यदि आप अपनी पिछली कंपनी से किसी स्तर पर अक्षमता के कारण निकाले गए हों तो भी उसे स्वीकार करने में संकोच नहीं करना चाहिए। आप कोई अनोखे नहीं हैं। यदि आपने अपना पक्ष सही ढंग से प्रस्तुत किया तो साक्षात्कार लेने वाला महसूस करेगा कि शायद आपके भूतपूर्व Employer ने आपको नौकरी देने के पहले नौकरी की विभिन्न जिम्मेवारियों के विभिन्न पहलुओं से अच्छी तरह अवगत न कराया हो। आप इस बात को स्पष्टता से कह दीजिए कि आप उस गलती को टालने एवं पुनरावृत्ति न होने देने की पूरी कोशिश करेंगे और इसीलिए इस नये Job की विभिन्न जिम्मेवारियों से पहले ही पूरी तरह से परिचित होना चाहते हैं।

वेतन के बारे में चर्चा कैसे करें (How to discuss Salary) : वेतन का प्रश्न एक संवेदनशील मुद्दा है। यदि साक्षात्कार लेने वाला आपसे यह प्रश्न पूछता है कि 'क्या वेतन पाने की आप अपेक्षा रखते हैं?' तो कोशिश यह कीजिए कि 'आप यही उम्मीद करते हैं कि इस पोजीशन में इस अनुभव वाले को जितना स्टैंडर्ड वेतनमान दिया जाता है उतना ही उम्मीद करता हूं। यह कहकर इस प्रश्न के जवाब का बोझ वापस साक्षात्कारकर्ता पर डाल दीजिए, लेकिन पहले से आपको भी यह जानकारी होनी चाहिए कि उस पद के लिए मानद वेतनमान कितना है। जब आपसे वर्तमान या पिछली नौकरी के वेतनमान के बारे में पूछा जाए तो सही एवं पूर्ण जानकारी के साथ जवाब दीजिए। यदि Employer आपसे पुनः Negotiations करता है तो आपके संदर्भ को चेक करते समय वह Exact Amount समझ जाएगा।

यदि आपने अपने जीवनवृत्त में अपने पास सबूत का पोर्टफोलियो उपलब्ध होने की बात लिख रखी हो तो प्रथम साक्षात्कार के समय साक्षात्कार लेने वाला उसे देखने में रुचि प्रदर्शित कर भी सकता है और नहीं भी रुचि दिखा सकता है। आप साक्षात्कार के समय पोर्टफोलियो साथ में लाइए किंतु जब तक साक्षात्कारकर्ता उसे देखने की जिज्ञासा न प्रदर्शित करे, उसे जबर्दस्ती दिखाने की कोशिश न करें। कुछ Employers की यह सोच रहती है कि विभिन्न कार्यकलापों का प्रमाणपत्र देखने का कार्य दूसरे चरण में किया जा सकता है जब साक्षात्कारकर्ता यह निश्चय कर चुका हो कि आवेदनकर्ता के पास मौलिक योग्यता मौजूद है और उसके साथ और अधिक समय बिताया जा सकता है। यदि साक्षात्कारकर्ता आपके प्रमाणपत्रों को देखने में रुचि प्रदर्शित करे तो आपको उसमें उल्लेख किए हुए तथ्यों के बारे में संक्षिप्त व्याख्या दे सकने के लिए तैयार रहना चाहिए।

साक्षात्कार को किस प्रकार समाप्त करें (How to end the Interview) : साक्षात्कार को किस प्रकार से समाप्त करें यह भी एक महत्त्वपूर्ण कला है। प्रायः बहुत कम मामलों में प्रथम साक्षात्कार के बाद ही नौकरी पेश की जाती है। अकसर Employer को अंतिम रूप से निश्चित करने के पहले अन्य आवेदनकर्ताओं के आवेदन-पत्रों को भी देखकर विचार करना रहता है। कुछ कंपनियां इस अंतिम निर्णय लेने के पहले इसीलिए लिखित परीक्षाएं आयोजित करती हैं। इसीलिए कभी-कभी साक्षात्कारकर्ता आपसे यह कह सकता है कि वह बाद में सूचित कर देगा कि आपको Test के लिए कब Appear होना है। ऐसी परिस्थिति में भी जब करीब-करीब निश्चित हो कि वह उस आवेदनकर्ता को नियुक्त करना चाहता है, संदर्भों की जांच होनी चाहिए। आप अंतिम निर्णय की जानकारी मालूम करने के लिए जल्दबाजी न करें। इस प्रकार के वक्तव्य मत दीजिए कि आपके पास

एक और आफर है और आपको पांच बजे के पहले या मंगलवार (या कोई दिन या तारीख) के पहले निश्चय करना है। Employer को भी आपके आवेदन-पत्र पर विचार करने का मौका दीजिए तथा अपने आपको भी यह निश्चित करने के लिए थोड़ा समय दीजिए कि वास्तव में यह Job आपकी सुविधा के अनुसार है या नहीं? साक्षात्कार के समय कभी-कभी आपको महसूस हो सकता है कि उस नौकरी की जिम्मेवारियों के लिए आप समुचित व्यक्ति नहीं हैं या स्वयं वह नौकरी आपकी अपेक्षाओं के अनुकूल नहीं है। ऐसी परिस्थिति में स्पष्ट वक्ता बनिए। आप सीधे-सीधे यह कह सकते हैं कि आपको विश्वास नहीं हो पा रहा है कि वास्तव में वे जिस प्रकार के व्यक्ति की तलाश में हैं, आप उस प्रकार के व्यक्ति हैं। यह कहना कि आपके पास अन्य आफर भी हैं और आप उनमें से विचार कर तलाश करेंगे, समय बर्बादी है और Sincerity की कमी को इंगित करता है। यदि आप एक एक्जीक्यूटिव हैं तो बातचीत समाप्त होने के बाद आप स्वयं भी साक्षात्कार को समाप्त कर सकते हैं। जब छोड़ने का समय हो तो उठिए, हाथ मिलाइए, साक्षात्कार लेने वालों को आपके लिए अपना समय देने के लिए धन्यवाद दीजिए। आप यह कह सकते हैं कि आप जल्दी ही उनसे जवाब सुनने का इंतजार करेंगे या यदि आगे भविष्य में सम्प्रेषण की संभावना नहीं है तो आप कह सकते हैं कि आपसे मीटिंग में प्रसन्नता प्राप्त हुई। अपने साथ अपने प्रमाणपत्रों की पोर्टफोलियो तथा अन्य संबंधित वस्तुएं अपने साथ वापस ले जाना न भूलें। यदि आपने रिसेप्शन कक्ष में कुछ कागज छोड़ रखे थे तो रिसेप्शनिस्ट को धन्यवाद देने के लिए उन्हें भी वापस लेते आना याद रखें।

●●●

मुखाकृति विज्ञान अर्थात् फेस रीडिंग

(सामुद्रिक शास्त्र)

–सत्यनारायण जांगिड़

चेहरे तथा शरीर के अन्य अंगों की बनावट देखकर ज्योतिष के आधार पर चरित्र का ज्ञान कराने वाली पुस्तक

सामुद्रिक शास्त्र एक ऐसी विद्या है जिसके द्वारा हम मनुष्य के अंगों को देखकर उसके स्वभाव एवं चरित्र का पता लगा सकते हैं। जिस प्रकार हाथ की रेखाओं को देखकर जातक के भूत-भविष्य तथा वर्तमान में घटने वाली घटनाओं के संबंध में जानकारी प्राप्त की जाती है, उसी प्रकार हमें इस अंग-विद्या द्वारा जातक की मुखाकृति, शरीर की बनावट, हाव-भाव, चाल-ढाल तथा अन्य क्रिया-कलापों को देखकर उसके स्वभाव, चरित्र, रुचि एवं अन्य विषयों के संबंध में ज्ञान प्राप्त होता है।

यह विद्या बहुत प्राचीन है। आज से सहस्रों वर्ष पूर्व लिखे गए पुराण, स्मृति, रामायण, महाभारत आदि संस्कृत ग्रंथों में भी मनुष्य-शरीर के विभिन्न शुभ-अशुभ लक्षणों का उल्लेख पाया जाता है। प्रस्तुत पुस्तक उसी ज्ञान पर आधारित है। इसमें मानव-अंगों के लक्षणों की संपूर्ण जानकारी दी गई है।

डिमाई आकार • पृष्ठ : 176

अंग्रेजी में भी उपलब्ध

बॉडी लैंग्वेज (देह भाषा)

BODY LANGUAGE

–सत्यनारायण जांगिड़

जब किसी भी स्त्री या पुरुष की भाव-भंगिमाएं चेतन मस्तिष्क द्वारा संचालित नहीं होतीं और उसे स्वयं आभास भी नहीं होता कि शरीर के अंग स्वतः ही हाव-भाव प्रदर्शित कर रहे हैं, तब हम उसकी इसी देह भाषा को पढ़कर उसके मनोभावों और व्यक्तित्व को जान सकते हैं। यह पुस्तक इसी भाषा को विस्तार से सिखाने का व्यावहारिक उपक्रम है। इस मनोवैज्ञानिक विद्या को सीखकर आप किसी की भी चरित्रगत विशेषताओं, उसके व्यवहार, व्यक्तित्व तथा प्रोफ़ेशन में दक्षता एवं विशेषज्ञता का पता लगा सकते हैं। आधुनिक जीवन शैली तथा उद्योग एवं व्यवसाय में देह भाषा को पढ़ने की कला सफलता और उन्नति के लिए एक कारगर औज़ार है।

इस पुस्तक में आप पाएंगे –

❖ हाथों और कलाई की चेष्टाएं ❖ विभिन्न अंगों के स्पर्श संकेत ❖ पैरों की चेष्टाओं से प्रकट मनोभाव ❖ हाथ मिलाने से व्यक्ति की परख ❖ चेहरे और हाथों के संयुक्त संकेत ❖ बैठने के ढंग से आभास ❖ आंखों और होंठों की भाषा ❖ झूठ बोलने को दर्शाती मुद्राएं ❖ मन के भेद खोलते धूम्रपान के ढंग ❖ प्रेम निमंत्रण के हाव-भाव ❖ भोजन के समय की मुद्राएं ❖ अस्वाभाविक चेष्टाओं के राज़ ❖ लिखने के ढंग से व्यक्तित्व की परख ❖ और भी बहुत से संकेत, चेष्टाएं और मुद्राएं, जो ढेरों रेखाचित्रों के माध्यम से निश्चय ही आपको देह भाषा का विशेषज्ञ बना देंगी।

डिमाई आकार • पृष्ठ : 144

- Four Volumes • Over 800 Pages
- Over 900 Illustrations • 890 Articles

Available in Hindi & English

₹ 150/-Ⓣ Ⓔ

₹ 150/-

कंप्यूटर/पॉपुलर साइंस/मैजिक

₹ 150/-

Available in Hindi & English

₹ 140/-

₹ 96/-

₹ 140/-

₹ 160/-

₹ 96/-

₹ 120/-

₹ 96/-

₹ 160/-

₹ 80/-

₹ 100/-

₹ 80/-

₹ 80/-

₹ 100/-

₹ 150/- CD Free

ज्योतिष/अंक शास्त्र

सजिल्द लाइब्रेरी संस्करण

₹ 800/- (E)

₹ 150/-

₹ 150/-

₹ 120/-

₹ 150/-

₹ 108/-

₹ 96/-

₹ 100/-

₹ 96/-

₹ 96/-

₹ 100/-

₹ 120/-

भवन निर्माण

₹ 175/-

₹ 180/-

उपयोगी कलाएं

₹ 120/-

₹ 150/-

₹ 120/- (T)(E)

₹ 100/- (T)(E)

हिन्दी अध्ययन

₹ 175/-

₹ 96/-

₹ 120/-

₹ 195/-

₹ 96/-

₹ 150/-

वाद्य एवं संगीत

मूल्य : 60/- से 120/- प्रत्येक
सभी पुस्तकें बड़े आकार में

₹ 120/-

₹ 100/-

₹ 120/- (T)(E)
Fully coloured

(E) English (T) Tamil Language

₹ 120/-

₹ 195/-

₹ 120/- Ⓔ

₹ 150/-

₹ 195/-

₹ 96/-

₹ 120/-

₹ 150/-

₹ 120/-

₹ 195/-

₹ 120/-

₹ 100/-

₹ 100/-

₹ 100/-

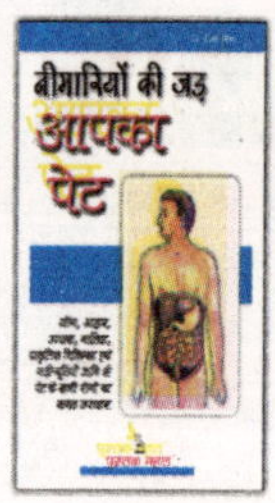

₹ 100/-

₹ 100/-

₹ 80/-

₹ 120/-

₹ 100/- Ⓔ

₹ 80/-

₹ 100/-

₹ 100/-

₹ 150/- ₹ 120/- ₹ 100/- ₹ 120/- ₹ 100/- ₹ 100/- ₹ 100/-

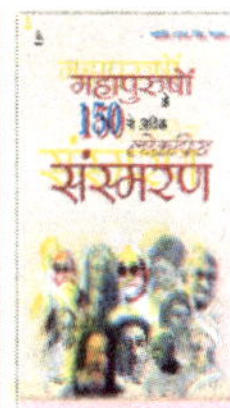

₹ 120/- ₹ 100/- ₹ 100/- ₹ 100/- ₹ 80/- ₹ 100/- ₹ 195/-

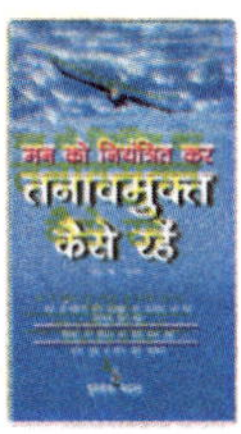

₹ 160/- ₹ 100/- ₹ 88/- ₹ 100/- ₹ 100/- ₹ 120/- ₹ 100/-

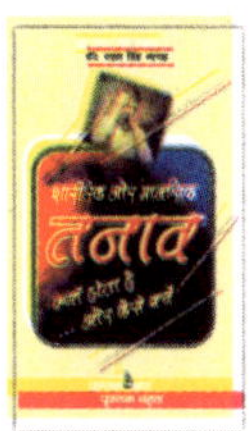

₹ 80/- ₹ 60/- ₹ 80/- ₹ 100/- ₹ 72/- ₹ 135/- Ⓑ Ⓔ

₹ 150/- ₹ 80/- ₹ 80/- ₹ 100/- ₹ 100/- ₹ 68/- ₹ 100/-

धर्म-ग्रंथ

₹ 160/- ₹ 100/- ₹ 100/- ₹ 80/- ₹ 100/- ₹ 80/-

₹ 100/- ₹ 96/- ₹ 100/- ₹ 80/- ₹ 40/- ₹ 30/- ₹ 20/-

₹ 96/- ₹ 120/- ₹ 120/- ₹ 120/- ₹ 120/- ₹ 30/-

₹ 140/- ₹ 80/- ₹ 100/- ₹ 80/- ₹ 80/- ₹ 120/-

₹ 150/- ₹ 150/- ₹ 150/- ₹ 120/- ₹ 180/- ₹ 160/-

डाकखर्च: 30 से 40/- रुपए पुस्तक अतिरिक्त

₹ 175/- HB
Fully coloured

₹ 120/-

₹ 120/-

₹ 100/-

₹ 150/-

₹ 100/-

₹ 80/-

₹ 72/-

पाक कलाएं

₹ 100/-

₹ 100/-

₹ 100/-

₹ 100/-

₹ 100/-

₹ 100/-

₹ 100/-

₹ 100/-

₹ 100/-

₹ 100/-

₹ 100/-

₹ 100/-

बागवानी

₹ 150/-

₹ 120/-

₹ 150/-

₹ 120/-

₹ 120/-

रहस्य रोमांच/किस्से कहानियां

₹ 100/-

₹ 100/-

₹ 100/-

₹ 100/-

₹ 100/-

₹ 100/-

₹ 100/-

₹ 120/- (E)
Fully coloured

₹ 80/-

₹ 100/-

₹ 100/-

₹ 100/-

₹ 100/-

₹ 100/-

₹ 80/-

₹ 80/-

₹ 100/-

₹ 100/-

₹ 100/-

₹ 100/-

₹ 100/-

₹ 175/-

हास्य-व्यंग्य

₹ 60/-

₹ 60/-

₹ 100/-

₹ 100/- (E)

मूल्य: 30/- से 60/- प्रत्येक

पृष्ठ: 128-144 प्रत्येक

डाकखर्च: 30 से 40/- रुपए पुस्तक अतिरिक्त

(E) English